一学就会的投资理财

于富荣　编著

中国法制出版社
CHINA LEGAL PUBLISHING HOUSE

图书在版编目 (CIP) 数据

一学就会的投资理财 / 于富荣编著 .—北京：中国法制出版社，2019.3（2022.8 重印）

ISBN 978-7-5093-9979-8

Ⅰ. ①一… Ⅱ. ①于… Ⅲ. ①投资—基本知识 Ⅳ. ① F830.59

中国版本图书馆 CIP 数据核字（2019）第 015856 号

策划编辑：李佳（amberlee2014@126.com） 封面设计：汪要军

责任编辑：王悦（wangyuefzs@163.com）

一学就会的投资理财

YI XUE JIU HUI DE TOUZI LICAI

编著 / 于富荣

经销 / 新华书店

印刷 / 北京虎彩文化传播有限公司

开本 / 880 毫米 ×1230 毫米 32 开 印张 / 8.75 字数 / 225 千

版次 / 2019 年 3 月第 1 版 2022 年 8 月第 3 次印刷

中国法制出版社出版

书号 ISBN 978-7-5093-9979-8 定价：39.80 元

北京西单横二条 2 号 值班电话：010-66026508

邮政编码 100031 传真：010-66031119

网址：http://www.zgfzs.com **编辑部电话：010-66034985**

市场营销部电话：010-66033393 **邮购部电话：010-66033288**

（如有印装质量问题，请与本社印务部联系调换。电话：010-66032926）

前言

Preface

“钱不是万能的，但没钱是万万不能的。”普通老百姓要实现不再为钱而发愁，最好的办法就是好好打理我们现有的财富。其实，理财的目标只有两个：一是实现资产的保值与增值，即拥有的财产不缩水，让钱生更多的钱；二是合理支配钱，即应该把钱花在哪里，如何花。

人的一生，从出生、幼年、少年、青年、中年直到老年，各个时期都需要用钱。而成功的理财方法就会使您在需要用钱时有钱可以用。在生命的不同时期，个人的收入、支出、风险承受能力与理财目标各不相同，理财的侧重点也应不同。大学生要为结婚生子做打算，壮年时要为子女教育和养老做准备，退休后要保证生活无虞。这一切都是摆在我们面前的客观现实，谁也无法回避，它们将伴随我们的一生。

要理好财首先就要树立正确的理财观，其次是掌握有效的理财方法。本书就是通过介绍理财高手的成功案例，分别从储蓄、置业、日常消费、职场、保险、基金投资、股票投资、收藏、家庭九个方面进行了详细的描述，希望大家能通过向理财高手学习，树立正确的理财观念，掌握正确的理财方法。

我们都知道人生短暂，如此短暂的人生如果不做好理财计划，将会平添几分苦涩。一次次的理财革命提醒着人们是动手理财的时候了。看看这些理财高手的幸福生活，又有谁不羡慕呢？他们正是因为会理财、善理财，才拥有了高效率的人生。希望他们的成功经验能够对我们有所借鉴、有所启发。

最后，衷心地祝福大家都能够打理好自己的财产，过上更加美好幸福的生活！

目录

Contents

第三章 | 日常消费理财

第四章 | 职场理财

第五章 | 保险理财

第六章 | 基金投资

第七章 | 股票投资

第八章 | 收藏理财

第九章 | 家庭理财

第一章

储蓄理财

储蓄相对于其他理财方式，尽管收益相对较低，但它风险小、方式期限灵活多样，而且操作起来简单方便，收益也比较稳定。正是储蓄的这些特点，决定了其是最普通和最常用的理财手段。

用外币来赚人民币——巧存外币

市民周女士有1万美元，由于近期用不着，周女士想先把它兑换成人民币。去银行一问才知道，银行对外币与本币之间、外币与外币之间的兑换要收取一定的兑换费用，并且银行在兑换时是按“现钞买入价”收进，而不是按“外汇卖出价”兑换，前价要低于后价许多，汇兑的损失甚至会超过利息的差额收入。考虑到这些因素，周女士决定还是不要把外币兑换成人民币了。

由于工作原因，周女士没有时间“炒汇”，她对“炒汇”也一窍不通，经过前思后想，她决定把这1万美元直接存入银行吃利息。因为一年期以下美元存款利率实在太低，周女士便想把这笔美元存两年。可她一了解发现，美元两年期存款，各家银行给出的利率各不相同。根据2018年公布的美元存款利率表，有的银行挂出的两年期美元存款利率竟是别的银行的2倍。比如，A银行高达1.5%，B银行却只有0.75%。这意味着什么？周女士简单算了笔账，如果存1万美元到银行，在B银行存两年，税前年收益为75美元。而在利息较高的A银行存两年，税前年收益为150美元，两者差额达到了75美元，折算成人民币，息差约有501.7元（按照1美元=6.6893人民币的汇率计算），存满两年，息差约1000元。

原来，外币利率差距大与各家银行对外汇的需要不无关系。银行吸收的外币存款多用于发放贷款或上存总行。一些银行把外币存款上存总行，利率得由总行决定。而有的银行，吸存的资金可直接到境外市场运用，所以能开出较高的储户利率。

经过这一番比较计算，周女士心里有了谱，她选择了一家利率上浮高和为客户提供外币兑换、外汇买卖、找零业务、通知存款、自动续存等一条龙服务的银行，把自己这1万美元存了两年定期。可没过多久，她发现这家银行的外币利率有所上涨，而且还持续了很长一段时间，聪明的周女士又开始计算了，因为存款利率是按照存入当日的挂牌利息率计算的，如果把这笔钱取出来再重新存入，岂不是会比原来得到更多的利息？虽说已存时间利息按活期计算有损失，但以后获得的利息收入是可以大大地高于损失的，因此，周女士又果断地办理了转存业务。

现在，周女士摸出了一些外币储蓄的门道，也尝到了甜头，她正准备把自己的心得介绍给那些手中持有外币的朋友和同事，在实践中共同分享收获的喜悦。

案例点评

巧存外币关键在于“巧”字，如果你手里有1万美元需要存进银行，只要选择合适的存款方式与银行，你每年可能多拿至少500元人民币的利息；否则，每年就会白白损失不少利息。周女士就是通过自己的比较研究，避免了利息损失。而且，她巧妙地利用了“追涨杀跌”的技巧，即在外币利率持续上涨的时候果断地办理了转存业务，使自己又额外多收入了一笔。可见，外币储蓄并非我们想象中的那么复杂，它的存款方式和计息方法与人民币储蓄大致相同，也分为活期储蓄存款和定期储蓄存款。

所以，对于暂时还用不着的闲置外币，尤其是那些汇率稳定，存款利率又高的外币，如英镑、美元，我们完全可以放心大胆地采取储蓄吃利息的方式，选择一家利率上浮高和提供存兑一条龙服务的银行，通过自己简单的计算，选择适合的储蓄时间与储蓄方式，让外币为我们“赚取”人民币。

相关链接

目前国内银行提供的外币储蓄存款币种主要有美元、欧元、日元、英镑、加拿大元、澳大利亚元、瑞士法郎、新加坡元等。例如，您持有其他可自由兑换的外币，可选择上述币种之一，按存入日国家公布的外汇牌价套算入账。对于欲存外币的朋友，详细了解一下外币活期储蓄和定期储蓄的规则是很有必要的：

1. 外币定期储蓄存款是储户在存款时约定存期，整笔存入，到期一次支取本息。存期分为 1 个月、3 个月、6 个月、1 年、2 年 5 个档次。起存金额为不低于人民币 100 元的等值外汇。

2. 可以在开户时任意选择存款到期的各种提示：亲临支取、本息续存、本金续存、利息转存指定账户、本息全部转存指定账户。

3. 如果未到结息日储户提取全部活期储蓄存款，银行按清户日挂牌公告的同币种活期存款利率计算利息。

4. 持过期定期存单办理销户时，办理手续同到期销户手续，对逾期部分利息的计算均按支取日挂牌公告的相应币种活期储蓄存款利率计息。

5. 外币活期存款计息，英镑全年按 365 天计息，美元及其他币种全年按 360 天计息。每年结息一次，结息日为 6 月 20 日，并入本金起息。

理财提醒

当换存人民币的收益小于直接存外币时，不要轻易兑换，因为有时候汇兑的损失甚至会超过利息的差额收入，兑换本身也是需要一定费用的。所以要尽量减少兑换次数，一定要仔细算账，看准币种，三思而后行。

让躺在抽屉里睡觉的生活费“动”起来

张先生的家庭是典型的双薪家庭，他每月与妻子的工资加起来大概有4000元，目前没有小孩，从结婚到现在已有将近3年的时间，在这期间，他们几乎没有理财的概念，因为两个人都在国企上班，单位都给上了各种保险，除此之外，他们再无别的投资计划。又到年底了，张先生的同事用银行存款的利息买了件皮夹克，张先生觉得这样挺好，如果自己也能合理理财，说不定也早就吃上利息了。于是，他与妻子商量，两个人决定好好计划一下，从平时放在抽屉里的生活费开始，为自己的小家赚取点利息。

目前，银行开办的活期储蓄种类有活期储蓄存款、定活两便储蓄存款、个人通知存款三种。每种活期储种的特点和功能都不一样，若选择不同的活期储种，其利息收入也大不一样。

通过一番比较研究，张先生决定把平时用作支付日常生活伙食费和零星开支的钱，除留够一个星期的开支外，其余部分均存入活期储蓄，所得利息虽然不多，但总比把钱闲置在身上或锁在抽屉中强。如果是用于缴纳水电费、煤气费、电话费等专项费用的支出，可选择代缴这些费用的专项活期储蓄或专项消费卡，这样既可省去缴纳各项费用的许多麻烦，又可从中坐“吃”利息，这不是两全其美吗？

另外，张先生家的抽屉里总是放500元至1000元的短期待用款以备急用。张先生想想觉得这完全没有必要，因为就算把钱存入银行，也可以随时取出。只要选择与活期性质一样，但存够一段时间后又比活期储蓄利息要高的定活两便储蓄存款就可以了。有时对金额在1000元以上的较大待用款项，则可选择个人通知存款，其计息档次比定活两便储蓄存款更多，且支取时可按实际存期的相应档次来计息。有了这些调整，张先生家又多了一项利息收入。

此外，张先生每月都会按时给他在外地的父母寄去一笔生活费，每月寄钱的邮费如果能够节省下来，长年累月也是一笔不小的数目。于是，他办理了一本通存通兑储蓄存折，每月按时给父母存入生活费，然后父母就可到当地银行领取，还可以得到一笔利息收入。

就这么稍微一盘算，张先生家就多出了三项额外的利息收入。他和妻子对理财越来越有信心，他们正在计划着到今年年底用这些利息为自己购买平时不舍得买的新衣服，让自己的新年也有新味。

案例点评

显然，对于工薪家庭来说，靠吃利息发大财是不太可能的，但是如果把自己平时放在抽屉里的钱按照用途合理分类，再选择适当的储蓄方式存入银行，就可以获得利息。如果只是一味地把钱锁在抽屉里随用随拿，就会白白地损失不少额外的收入。就像张先生这样，合理地把钱归类，再按照不同的方法存入银行，不用跟别人比，就跟自己以前没有理财规划来比，能够多几笔额外的利息收入也是一件让人十分高兴的事情。

可往往大部分的工薪家庭都习惯于把每个月的开销放在抽屉里随用随拿，而且他们也习惯了这种生活方式。殊不知，只要我们稍微动动脑筋，对有限的收入做一个合理的储蓄计划，就会给生活带来些许的乐趣。

相关链接

相信有很多家庭都遇到过这种情况：有一定的闲散资金，想把它存入银行，而在短时间内又无法确定选择何种存储方式。对于上述情况，可以考虑个人通知存款的方式。该储种适合手上持有现金，一时又无法确定存期的储户，具有享活期之便，得定期之利的特点。掌握这种储蓄方式，相信对您的理财会有很大的帮助。

个人通知存款的有关规定：

1. 需要一次性存入，支取可以一次或分为多次；按照存款人提前通知的期限长短分为一天通知存款和七天通知存款两个品种。外币通知存款只设七天通知存款一个品种。

2. 最低起存金额为 5 万元，最低支取金额也是 5 万元。外币通知存款最低起存和最低支取金额为 5 万元人民币等值外汇。

3. 存款支取时，必须提前 1 天或 7 天通知银行。实际存期不足通知期限或未提前通知就支取的，利息只能按支取日挂牌公告的活期存款利率计算。同样，已办理通知手续却提前或逾期支取的也按活期存款利率计算。

理财提醒

目前银行都有自动储蓄业务，该业务特点在于：客户设定每月活期预留金额，与银行签订转存协议以后，由银行帮你理财。每月银行自动将客户活期账户中超出预留金额的部分按设定比例转入定期账户中（如 50% 存入一年定期账户，30% 存入半年定期账户，20% 存入三个月定期账户），这样几年过后，你就会在不知不觉中拥有一笔数目不小的储蓄。

三张银行卡搞定日常生活

前不久，吴娜收到一个银行发来的短信，通知她的信用卡已被扣了年费。吴娜一头雾水，她几乎忘了自己还有一张信用卡。仔细想想，原来是在广州办的，没用过，后来在深圳工作就把这卡扔一边儿了。于是，她打算销卡，去银行一打听才知道，她这张信用卡要到办卡地去才能销卡，真是麻烦。吴娜觉得自己根本就不应该办这张卡，现在比较后悔，但为了避免继续被银行扣年费，这张卡不销是不行了。吴娜天天惦记着这件事，终于趁去广州出差之际把卡销户了。

有了这次教训，吴娜准备好好清理一下自己的钱包，将一些不用的银行卡和存折销户，然后将分散的小额存款尽量集中在一个常用账户中。这样既可避免账户管理费，又能节省年费。由于吴娜在深圳的工作很稳定，近几年应该不会换工作，因此她决定只办三张卡，搞定自己的日常生活。这三张卡要分别包含资金、消费、投资功能。

说干就干。首先是资金卡。因为吴娜有一张光大银行的工资卡，她决定就以这张工资卡作为自己的资金卡，也不用去银行再单独开户。细心的吴娜先查了查资料，她发现从 2017 年 8 月 1 日起，银行卡年费、小额账户管理费开始取消，部分银行如民生银行、光大银行、中信银行、华夏银行等已经不再收取这类费用了，但工商银行、农业银行、建设银行等还在收取办卡费、年费和小额账户管理费。也就是说，一个与借记卡配套的日均存款 500 元的工行或建行的活期账户，每个季度要支付 3

元的账户管理费，那么每年就得承担12元的账户管理费，再加10元的借记卡年费，总支出达到22元，而此账户全年的利息收入扣除利息税后仅为2.88元，收支相抵后，全年用于此账户的管理成本就要近20元。很显然，如果听凭自己诸多弃之不用或功能重复的账户泛滥，只会增加无谓的支出。因此，当务之急是把分散的小额存款都集中在自己的工资卡上，这样就能减少一些不必要的费用。

接下来就是消费卡了。吴娜决定消费卡主要用于自己的各种日常支出。她对自己日常的花销做了一个大致的估算。于是，她办了一张有50多天免息期的贷记卡，并在这张卡里保持500元余额。她还在每次刷卡后做一个记录（或将账单集中保管），这样在免息期内把钱还上就可以了。吴娜这张消费卡的另一项功能是缴费，即支付水电费、煤气费、电话费、按揭等费用，由于这些费用每月发生额都较为固定，因此，她只需要按时存入或转入相关的金额，就不会欠费了。

解决了日常消费和缴费的问题，接下来就是考虑投资理财了。吴娜通过询问了解到，现在许多银行的卡里都能包容几乎大部分的投资品种，如股票有“银证通”，基金有“银基通”，债券有“债券宝”，如果把它们都集中在一张投资卡上，还可以方便管理。此外，如果看好某个投资品种，计划投资多少钱，也可以按额度把钱转到这张卡上再进行投资。这样能够保证投资账目清清楚楚，每个月账单到手时，都能方便地检视一遍，自己的各种投资理财收支及盈利情况就能一目了然。于是吴娜又办了一张投资理财卡。

经过这么一番精心的计划与准备，吴娜终于达到了给自己的钱包“减肥”的目的。如今，就凭着这三张卡，她的生活过得井井有条，有滋有味，她对自己的理财能力也越来越有信心了。

案例点评

如今，一个人“囤积”诸多银行活期账户的情况实在是太普遍了。没准儿哪天收拾屋子，就会搜出一堆旧存折，再检阅一下自己钱包内日渐“丰盈”的各色银行卡阵列，估计经常使用的不会超过三张。我们可以学习吴娜，用三张银行卡搞定日常理财。其实，普通市民手中只需保留包含消费、投资、资金功能的三张常用银行卡，通过分别设定不同功能，使每个账户各司其职，钱包薄薄照样可以玩转账户理财。

对于大部分工薪阶层来说，一般可以把工资卡设定为资金卡，专职负责向消费卡和投资卡划转各项资金，是三张卡的“神经中枢”；消费账户则以有透支功能的信用卡为主，可用于各种 POS 机刷卡消费的场合，如将一张贷记卡作为消费账户，专门用于购物、餐饮等；投资账户则以具有投资理财功能的账户为主，可用于进行各种投资理财类交易，如以一张借记卡为投资账户，专作购买国债、基金、黄金、本外币理财产品，方便办理外汇买卖、银证通、银证转账之用。

相关链接

银行卡可划分为借记卡和信用卡两大类，借记卡按功能不同分为转账卡、专用卡、储值卡；信用卡又分为贷记卡和准贷记卡。不同种类的银行卡，消费模式也不一样。了解这些银行卡的功能，会对我们有很大的帮助。

1. 属于借记卡的转账卡具有转账、存取现金和消费的功能。

2. 属于借记卡的专用卡是在特定区域、专门用途（百货、餐饮、娱乐行业以外的用途）使用的借记卡，具有转账、存取现金的功能。

3. 属于借记卡的储值卡是银行根据持卡人要求将资金转至卡内储存，交易时直接从卡内扣款的预付钱包式借记卡。

4. 贷记卡是指发卡银行给予持卡人一定的信用额度，持卡人可在信用额度内先消费、后还款的信用卡。

5. 准贷记卡是指持卡人先按银行要求交存一定金额的备用金，当备用金不足时，可在发卡银行规定的信用额度内透支的信用卡。

理财提醒

资金卡并不是一张只管出不管进的“傻瓜卡”，它还应该具备积累资金的功能。因为个人闲余资金都放在这张卡上，如果不让资金流动起来就有些可惜了。所以建议大家可以开设一个“自动理财”功能，即活期自动转为定期，如果有急需时，也可以随时将相应的定期资金变为活期，而利息收入仍然能够保持最大化。

发挥好大额存单的优势

家住广东省深圳市的周老师在退休后积攒了一笔数目不小的钱。他平时生活俭朴，用钱的机会较少，又考虑到独生女儿已经成家立业、衣食无忧，不用自己操心，于是就想着把这笔钱存到银行。一来可以获得一定的收益，二来也能够多一份保障。2018 年 5 月，周老师来到了自家附近的工商银行，准备办理存款业务。这时候一位银行工作人员主动向他介绍了大额存单，让周老师十分心动。

周老师之前对大额存单其实并不了解。可是，听银行工作人员介绍，在售的 3 年期个人大额存单的最高利率为 3.85%，比 3 年期定期存款利率 2.75% 高了不少，周老师就决定购买大额存单了。不过他没有盲目购买，而是先回家研究了一番大额存单的知识，认识到大额存单确实有不少好处：一是能够有一个比较好的收益；二是有更多的存款期限可供选择，万一自己有什么突发状况，也可以及时地把钱从银行里取出来。

就这样，周老师终于下定了决心，把自己这么多年以来攒下的 50 万元闲钱分成几份，一大部分购买了 3 年期大额存单，一部分购买了 2 年期按月付息的大额存单，另外他还留下一小部分用来应对日常所需。如此一来，周老师每个月都能获得一笔不错的利息收益，还能够保证资金的流动性。他个人对此非常满意，还把这个好办法推荐给了不少退休的老同事。

案例点评

大额存单是一种比普通存款收益高，而且支取更加方便灵活的储蓄方式。与普通的定期存款一样，它在安全性方面也是很有保障的。储户用大额存单来储蓄，也会受到《存款保险条例》的保护，哪怕出现银行破产的极端情况，不能如期兑付，50 万元以内的大额存单也是可以获得全额赔付的。所以对于一般的储户来说，是可以放心使用这种产品来理财的。

不仅如此，大额存单存期选择比普通存款更多，如有的银行的大额存单存期就包括 1 个月、3 个月、6 个月、1 年、18 个月、2 年、3 年、5 年等，可以更好地满足储户的实际需要。当然，更吸引储户的还是大额存单享有更高的利率水平。目前各大银行的大额存单利率普遍上浮，最高涨幅甚至超过了 40%。而且储户选择大额存单后，还可以进行转让、提前支取和赎回，流动性也能得到保障，因此如果手头有一定数量的闲散资金的话，就可以采用大额存单来进行理财。

相关链接

与普通银行存款相比，大额存单具有很多独特的优势，不过储户在购买前，还是需要了解一些相关的规定，才能够更合理地安排自己的大额存单理财计划：

1. 大额存单有起购点的规定，从 2016 年 6 月 6 日起，个人认购大额存单起点金额不能低于 20 万元。而且有的大额存单起购点达到了 30 万元，如工行 2018 年第三期的 1 个月、3 个月、6 个月、9 个月、1 年、18 个月、2 年的大额存单起购点就都是 30 万元。

2. 大额存单是期次化产品，每次发行都有一定的发行期，储户想要购买某期产品，就要在规定的发行期内，从柜台或网上银行申请办理认购业务。另外，每一期大额存单都有一定的限额，有的银行额度吃紧，个别品种的大额存单很快就会售空，所以打算认购大额存单的储户要经常去咨询和了解，才不会错过自己最需要的产品。

3. 不同银行发行的大额存单在利率上往往存在差异，有的银行没有按照统一的上浮比率上浮，导致利率偏低，所以储户在认购前只有“货比三家”，才能选到最好的产品。

理财提醒

对于有提前支取需要的储户，要注意了解不同银行的大额存单对于提前支取的利息规定。大部分大额存单的提前支取规则是采用灵活多样的靠档计息方式。不过，不同银行的靠档计息规则并不相同。一般来说，大多数可分为分段扣息和分段计息两种。就分段扣息来说，是按持有期限的长短来划分不同的阶段进行扣息。即扣除不满存期的天数应享有的利息，剩余天数的利息按照原存单的票面利率计息。

就分段计息来说，是大额存单提前支取的部分根据实际存期，向下靠最近一档普通储蓄产品官网挂牌利率给付利息。比如，3 年期的大额存单，6 个月后出于紧急情况需要提前支取一部分，这部分的利率就会按 6 个月的定期利率来计算，剩余的部分仍继续享受大额存单的利率。

另外，还有一些银行对大额存单的提前支取问题会与储户约定好利率计算方法，因此在支取前一定要提前计算好可以得到的利息，再慎重决定，以免遭受不必要的损失。

巧妙避免储蓄损失

很多人都不解：难道储蓄也会有损失？是的，储蓄损失是指不能获得预期的储蓄利息收入，或由于通货膨胀等其他原因引起的储蓄本金的贬值。其中有很多不必要的损失是因为储户缺少储蓄知识造成的。

2017 年 6 月，退休职工老王听邻居说购买国库券很划算，由于手中没有大量现金，于是，他便盘算起了自己存入银行的那两笔定期存款。有一笔存款刚刚存入，存期为 5 年；还有一笔是 2014 年存入的 1 万元，存期为 3 年。聪明的老王没有盲目地去取这两笔钱，而是自己先在家算了笔账。

如果不考虑保值因素，按 2014 年存入日 4.25% 的年利率计算，老王那笔存入银行的 3 年定期 1 万元存款到期应得利息 1275 元；要是购买国库券的话，根据 2017 年公布的国债发行利率，3 年期利率为 3.8%，5 年期利率为 4.17%，如果将这 1 万元存款取出购买 3 年期国债，到期应得利息 1140 元，可见收益还不如定期存款。而且如果提前支取定期存款，就只能按一年活期储蓄利率和两年定期存款利率来计算利息，明摆着是得不偿失。

老王又开始考虑那笔刚存入不久的 5 年期银行存款的利率，由于 2017 年存入时的 5 年期定期存款利率为 2.75%，5 年期国债的利率为 4.17%，高于银行定期存款的利率。而且这笔存款存入时间不长，即使取出，利息损失也很有限。于是，老王决定将这笔刚存入银行的 5 年期定期存款取出，去购买5年期的国债。

细心的邻居们发现，老王对于如何避免储蓄损失的确有自己的独到见解，以前的老牌友们也不打牌了，这几天光顾着跟老王一起讨论储蓄的技巧了，而且对于银行利率的涨跌也格外关注，大家都对利率变化做出了自己的预测，这已经成为他们茶余饭后讨论的主要话题了。

案例点评

如无特殊需要或有把握的高收益投资机会，不要轻易将已存入银行一段时间（尤其是存期过半）的定期存款取出。因为，即使在物价上涨较快、银行存款利率低于物价上涨率而出现负利率时，银行存款还是按票面利率计算利息的。若存入定期存款一段时间后，遇到比定期存款收益更高的投资机会，如国债或其他债券的发行等，此时，储户可将继续持有定期存款与取出存款改作其他投资的实际收益做一番比较，就像老王那样，从中选取总体收益较高的投资方式。

对于已到期的定期存款，应根据利率水平及利率走势，存款的利息收益率与其他投资方式的收益率的比较，以及储蓄存款与其他投资方式在安全、便利、灵活性等各方面情况的综合比较，结合每个人的实际情况（如工作性质、灵活掌握投资时间的程度、对风险的承受能力等）重新进行选择。如此，在使资金不失灵活性的同时，还能让它在等待投资期间的收益最大化。因此，是否将存款提前支取后再存储，要根据原有存款的金额大小、存期以及距离到期日的时间来决定，切不可盲目提前支取后再存，以避免利息损失。

相关链接

利率是利息率的简称，它是一定时期内利息额同存入或贷出本金的比率。在各类利率之间和各类利率内部存在着一定的数量关系，它们彼此之间相互影响，构成了一个有机的整体，在整个经济活动中发挥调节作用。了解利率的种类以及各种利率的高低，对于个人理财会有很大的帮助。

1. 利率分为年利率、月利率和日利率。

2. 年利率按本金的百分之几表示，月利率按本金的千分之几表示，日利率按本金的万分之几表示。

3. 利率水平受多种因素的影响，主要有：平均利润率、资金供求状况、借贷资金的风险大小、借贷期限的长短、预期价格变动率、银行费用、国家经济政策、历史因素和世界利率水平。

4. 利率根据计算方法，可分为单利和复利；根据通货鼓胀的关系，可分为名义利率和实际利率；根据利率变动情况，可分为固定利率和浮动利率；根据国家政策意向，可分为一般利率和优惠利率；根据业务不同，可分为存款利率和货款利率；根据期限长短，可分为中长期利率和短期利率。

5. 在一般情况下，同类利率中，期限长的利率高于期限短的利率，风险小的借贷主体的利率低于风险大的借贷主体的利率。

6. 在各类利率之间，存款利率要低于贷款利率，商业银行的利率要高于中央银行的再贴现利率，市场拆借利率要低于商业银行的贷款利率，政府债券利率要低于银行的存款利率，普通贷款利率要高于优惠利率。

7. 各类利率的总水平受经济因素的制约，但在一定的利率总水平下，各类利率的变动取决于基准利率的变动。

理财提醒

对于那些收入不高，对利率的变化及走势不了解或信息迟缓、对风险的承受能力低的部分离退休老人来说，选择较长期限的定期储蓄存款，是较为理想和明智的。因为，3 年或 5 年的定期储蓄存款不仅安全性好，且存取方便，绝大部分储蓄机构还为到期的定期存款提供自动转存服务，储户不会因到期忘记提取或转存而影响利息收入。

低利息时期的存款策略

随着储蓄存款利率的下调，储蓄存款似乎也失去了原有的吸引力。在低利率时期，居民在进行家庭投资理财时尤其应当谨慎而行，理财者要运用智慧最大可能地改善自己的生活，只要在储蓄时，做到科学安排、合理配制，照样能找回储蓄的魅力，还会收到意外的惊喜。

李老师家有5万元存款，但他这5万元不是都存在一个账户里，而是平均分成5份，分别开设了1年期、2年期、3年期、4年期和5年期存单。一年后，他就用到期的1万元，再去开设1个5年期存单，以后每年如此。第一个存单到期5年后，李老师手中所持有的存单全部为5年期，只是每个1万元存单的到期年限不同，依次相差1年。通过这种"阶梯式储蓄法"，李老师认为，既可以跟上利率调整，又能获取5年期存款的高利息，是一种中长期投资。

与李老师同在一所学校教书的张老师也有5万元存款，但他不是按照"阶梯式储蓄法"存的钱，而是把这5万元分成了两份，每份2.5万元，分别按半年、1年的存期同时存入银行。因为张老师的孩子很可能在近一两年结婚，所以这种存储方式非常适合他家的情况。若在半年期存单到期后，有急用便取出，若用不着便也按1年期再次存入银行，以此类推，每次存单到期后，都转存为1年期存单，这样两张存单的循环时间为半年，若半年后有急用，可以取出到期的那张存单。

与李老师和张老师相比，刚刚入校不久的小王老师仅有1万元存款，而且他每次用钱的具体金额、时间不能确定，聪明的小王老师想出了一个既可存钱获取“高利”，又可避免用一次钱便动用全部存款的办法。他把1万元分别存成4张存单，1000元的一张，2000元的一张，3000元的一张，4000元的一张，都选择1年期限。假如有1000元需要周转，只要动用1000元的存单便可以了，避免了只需要1000元，也要动用“大”存单，减少了不必要的损失。

与以上3位老师相比，周老师可谓处在“比上不足，比下有余”的阶层了。他的储蓄方式更有意思，他家有3万元，他首先把这笔钱存成了存本取息储蓄，在一个月后，取出存本取息储蓄的第一个月的利息，用这笔钱开设了一个零存整取储蓄账户，以后便每月把存本取息的利息取出来，存入零存整取储蓄账户。几年来，周老师不仅存本取息的储蓄账户得到了利息，而且其利息又在参加零存整取储蓄后取得了利息，可谓“鸡生蛋，蛋生鸡”，让家里的一笔钱取得了两份利息。周老师认为，这种储蓄方法对未来生活积累有着相当的优越性。

如今，这4位老师都根据自己的实际收入情况找到了最合适的储蓄得利方法。他们的工作都很繁忙，也没有时间时刻关注利率的变化，但是他们各自选择的储蓄方法就算是在低利率时期也会有可观的利息入账。

案例点评

储蓄也是一门学问，想学好学透十分不易，在储蓄进入低收益时代，若想做好理财安排，需付出相当的时间和精力。不少人认为储蓄就是存钱，有钱了就去银行存上，十分简单，不用花时间去研究什么“存钱技巧”，利率下调也没有办法，那是银行的事，自己该怎么存就怎么存，利息低总比没利息好。其实，这种认识是十分片面的。

低利率期有低利率期的储蓄方式，每个家庭收入情况各不相同，因而选择储蓄的方式也会不尽相同，就像上述4位老师，他们都根据自己家庭的实际需求及现实状况，合理地配置了储蓄。说简单点，就是合理分配储蓄金额，合理选择储蓄期限。如果想获得较高的定期存款收益，又想让资金具有一定的流动性，我们就不妨费点事，把一笔钱分成若干份，每间隔一定时间存一笔定期，到期的钱若没派上用场，就取出后连本带息再存定期，若急着用钱，也不会牵一发而动全身。如此，即使在低利率期也还是有利可图的。

相关链接

储蓄存款利率由国家统一规定，人民银行挂牌公告。了解利息的计算、换算方法及相关规定，对于我们储蓄理财、慎重支取会有很大的帮助。

1. 年利率、月利率、日利率之间的换算公式：

年利率 ÷12 ＝月利率

月利率 ÷30= 日利率

年利率 ÷360 ＝日利率

2. 计息起点：

储蓄存款利息计算时，本金以“元”为起息点，元以下的角、分不计息。利息的金额算至分位，分位以下四舍五入。分段计息算至厘位，合计利息后分以下四舍五入。

3. 不计复息：

各种储蓄存款除活期（存折）年度结息可将利息转入本金生息外，其他各种储蓄不论存期如何，一律于支取时利随本清，不计复息。

4. 存期计算规定：

计算利息时，存款天数一律算头不算尾，即从存入日起算至取款前一天止。

不论闰年、平年，不分月大、月小，全年按 360 天，每月均按 30 天计算。

5. 存期计算一般公式（以日为单位）：

（支取年 – 存入年）×360+（支取月 – 存入月）×30+（支取日 – 存入日）

6. 特殊情况：

若支取当月没有对应的存入日期，按整月计算。例如，8 月 31 日存入，9 月 30 日支取，应计为一个月 30 天，而不是用一般公式所计算得出的 29 天。

理财提醒

降息后，原存入的定期存款继续按降息前的利率计息，这时如果办理提前支取的话，就会造成较大的利息损失。在此提醒大家，如果用钱数额不大，可利用定期存款的部分支取功能；如果存单离到期日不远，还可以用存单作抵押到银行办理抵押贷款，降息后，贷款利率降幅大大高于存款利率降幅，这时办理抵押贷款，会更好地避免利息损失。

选“准”银行有方法

王女士是典型的白领一族，生活节奏比较快，平时休息的时间都很少，更别说来回跑银行存取钱了。因此，王女士认为，选择一家合适的银行进行储蓄很有必要。

王女士首先考虑的是银行的地理位置。近年来，随着银行集约化经营程度的不断提高和银行业务竞争的加剧，一批位置偏僻、缺少储源的储蓄所、分理处被撤并迁址，给储户的存取款带来诸多不便。因此，王女士决定选择一家具有区位优势、规模大、视觉形象好、周边储源丰富的银行网点存钱，因为这类银行往往不会轻易迁址。同时，要选择电子化程度高，可以方便地在网上处理业务的银行，这样即使足不出户也可以安全、快捷地管理自己的活期存款、定期存款、支票和信用卡。经过以上分析，王女士决定就在自己公司附近找一家大银行。

但公司周围的大银行很多，到底选哪一家好呢？接下来，王女士就要对比这些银行的安全问题了。她认为，应该选择一家有电子摄像头监控设备的银行，一来，可以增加储户与银行柜面工作人员彼此间的透明度，一旦在柜台发生纠纷，如长短款、真假钞等也有录像为证，有据可查，能够较好地维护银行与储户双方的合法权益。二来，假如储户存单、存折或银行卡、现金被窃、被劫或被冒领，可借助电子监控设备查找犯罪分子，能保护自己的合法权益。这么一想，王女士锁定了离单位不远的三家银行。

三家银行，究竟选哪一家呢？当然是选择一家软件配备比较好的银行了。所谓软件，就是指有特色服务。现代银行都注重个性化经营，形式各异的服务项目和产品开发也与日俱增。因此，为了方便，王女士决定选择一家最有特色的银行。由于她白天较忙，无暇到银行办理存取款，便找了一家提供夜市服务的银行，即使其他银行关门打烊，她依然可以去这家银行进行交易。而且，这家银行还开展了“提醒服务”“自动续存”等特色服务，存款到期前银行会主动打电话提醒，或自动为储户办理定期续存等。

经过这么一番比较研究，王女士终于在众多银行中选择了一家，并且成了这家银行的幸运储户，每次存钱 1 万元以上，都可以领到小礼品。最近，这家银行又推出了保管箱业务，王女士可以将贵重物品、重要契约放在银行代保管，费用不高且十分安全。如今，王女士可以安心上班，不用再为自己的储蓄理财浪费精力了。

案例点评

选择一家合适的银行进行储蓄很关键，我们很多人都不在意银行的地理位置及软硬件配备，等真遇到问题，就措手不及了。例如，银行要撤并、迁址，而我们又有急事需要到柜台办理一些重要的业务，这时会非常不方便；抑或银行的安全问题得不到保障，我们存钱或取钱时都会心里不安；又或者银行的服务产品单一，根本无法满足当今人们的各种理财投资需求。

总的来说，一家好的银行需要具备良好的技术系统、完美的操作策略，并且恪守交易的规则。在选择银行进行储蓄之前，我们不必着急，要像王女士那样，货比三家，一定要把银行的地理位置、是否有电子监控系统、是否有特色服务这几个重要因素考虑在内，因为这些都是我们能够舒心、放心理财的前提条件。

相关链接

如今，在繁华的大街上随便一逛，就能看到五六家挂着不同招牌的银行，这些银行都是按照什么分类的呢？在中国，银行有多种分类方法，了解这些基本分类方法，对于我们根据自己的情况选择银行进行储蓄有一定的帮助。一般大而化之的分类方法是把银行按如下方法分类：

1. 中国人民银行。它是中央银行，起管理作用。

2. 政策性银行。如农业发展银行、国家开发银行、进出口银行，一般办理政策性业务，不以营利为目的。

3. 商业银行。又可分为：全国性国有商业银行，如工行、农行、中行、建行；全国性股份制商业银行，如招商银行、华夏银行、民生银行；区域性商业银行，如广东发展银行；地方性商业银行，如武汉市商业银行、南京银行。大多数商业银行都对个人客户提供个人负债、个人贷款、个人支付等服务，还有一些银行利用自己的营业网点、结算网络等资源，为客户提供各种代理、分销或理财服务，包括代扣代缴居民日常生活所需支付的各种费用、代理企事业单位为其职工发放工资等代收代付业务。大部分商业银行都可以利用先进的电子技术手段为客户提供方便、快捷的自助服务，包括网上银行、电话银行、手机银行、电视银行、自助银行、自动取款机（ATM）、自动存取款机（CDM）、POS 机等。

4. 外资银行。一般办理存款业务、中间业务、贷款业务等。外资银行有很多，比较著名的有花旗银行、汇丰银行。外资银行现在一般在一线城市设立，它的业务范围与国内银行有很大不同，现在对外资银行的经营范围正逐步放开。

理财提醒

当今，银行业竞争十分激烈，许多银行推出了上门收款服务，这确实方便了储户，但也应看到，现在很多银行的上门吸存业务的手续不太规范，缺少有效监督，这样极易引发纠纷，还容易被一些不法分子钻空子。因此，倘若你有时间，不妨亲自跑一趟银行进行柜面交易。

第二章

置业理财

房地产投资一直是人们非常关注的话题，对于个人理财来说，房地产投资有三个优势：一是投资房地产可以有效规避通货膨胀的风险；二是利用房产的时间价值获利；三是利用房产的使用价值获利。

拨好买房算盘的四颗珠子

购房置业是一件大事，对于普通人来说，很可能是一辈子成交额最大的交易。在开始购买之前，能够想到一大堆问题：价位、交通、地段、周边环境、开发商信誉、房屋格局、物业管理等。买房之前，澄清一些基本理念是非常重要的。概括来说，就是要拨好购房成本、购房地段、购房项目和开发商信誉这四颗珠子。

35 岁的段女士与爱人都在外企工作，如今已结婚 8 年的他们，有一个 5 岁的孩子。除有一套属于自己的住房外，还有存款 90 余万元。段女士考虑到自己的家庭处于成长期，风险承受能力适中。预期收入稳定，有一定积蓄，可以承担一定的资金风险。养老金问题通过社保收入加个人投资（包括基金、股票投资等）可以基本解决。考虑到孩子将来上学的问题，2018 年年初，段女士萌生了再买一套学区房的想法。

段女士先计算了自己的购房成本，包括房屋本身的价钱、贷款的利息成本、看房选房的成本、税费成本、物业费等，再结合自己目前可以调用的资金，决定购买一套首付不超过 80 万的房屋。接下来，段女士就开始进行地段的选择了，她家现在的住房在西安北郊，这套房是她与丈夫在 2008 年购买的，60 多平方米，花了不到 30 万元。后来西安市的房价不断上涨，2009 年突破了每平方米 5000 元，2010 年突破了每平方米 6000 元……到 2018 年，她家的这套房子价格已经翻了不止 2 倍。这也让段女士购房的信心更加坚定，为了达到理财的目的，也为了解决孩子上学的问题，她决定在高新区再买一套房。

在看房的过程中，因为有了第一次买房的经验，段女士可以说是胸有成竹，她认为不能只看着地段不错，不管三七二十一就下单，一套好的房子，往往在社区规划、景观设计、户型设计、工程质量、服务品质、物业管理等一个或多个方面具有比较明显的优势。因此，她一再提醒自己不要太心急，要仔细挑选高品质的房屋。段女士一有空就去实地考察，确认项目的优劣，并和其他的购房者交流经验，这样，才不至于被售楼员忽悠。

最后一项比较重要的工作就是考察开发商的信誉度了。项目是由开发企业操盘完成的，所以项目的品质与开发商的品质密切相关。段女士认为，首先，开发商的资金实力非常关键，她不仅关注项目的投资商实力，同时还考察了项目的抵押情况；其次，就是开发能力，段女士比较关注企业以往的开发业绩，特别是同区域、同类产品的开发经验；最后，就是不良记录，段女士认为应该想办法了解该企业在以往开发过程中是否有被揭露出来的重大问题。

通过这4步的层层筛选，段女士终于定下了一套160平方米的期房，首付72万元，没有超出她的计划。段女士考虑将来搬进新房后，就把旧房卖掉或租出去，当然这就要看未来房价及贷款利率的情况了。

案例点评

拨好买房算盘的四颗珠子，就是在买房之前，澄清一些基本理念，考虑好购房成本、购房地段、购房项目和开发商信誉这四个问题。

不管你是首次购房，还是买进第二套房或第三套房，作为一项大的投资，买房前有必要进行全面的成本收益分析。住房的成本不仅要考虑房款、利息等置业成本，也要考虑物业费、取暖费，以及交通、生活等额外负担所构成的使用成本，甚至还需要考虑机会成本，也就是将资金用于购房而放弃的投资于股票、基金等方面可能带来的收益。对于收益，不仅应当考虑置业带来的节约房租、生活安定等好处，也应当考虑到换房时如何保证投资收益。

另外，购房还应当考虑自己的实际需要，也就是要以满足刚需为主，千万不能一味抱着“炒房”的目的去购买房产，否则房价一旦下跌就会背上沉重的负担。所以，购买房产一定要非常慎重，并且要多做功课，不要冲动，只有这样，才能在拥有心仪的新屋的同时，保证资金的安全。

相关链接

在选择房地产时，最关键的是要有好的位置，位置是房地产的生命。香港地产巨头李嘉诚曾说，决定房地产价值的因素，第一是地段，第二是地段，第三还是地段。可见选择地段的重要性。好的区位地段不但能够为购房者的生活带来很多便利，还能在需要旧房置换时为自己增添一些筹码。所以，一定要谨慎选择。

一般购房时优先考虑的地段有以下几种。

1. 交通便利的地方。交通便利的地段人气最旺，如车站、码头、市中心繁华地段、旅游景点等地价都很高。另外，近年来，轨道交通的建设大幅缩短了城市各区域之间的距离，因而轨道交通沿线的房屋可以成为购房时一个重要的选择。购买这类房屋，不但增值效果明显，还能大大减少平时工作、上学、购物时的出行成本。

2. 人口稠密的商业区。大凡人流涌动的地段必然是商业繁华的地区。这些地段货币和物资随着滚滚的人流在飞速运转，交易频繁、成交额大，而且有一定的规律性和稳定性。于是便引来大批客户进驻，导致地产价格攀升。比如，位于城市核心商务功能区周边的房屋都有较大的升值可能，是购房时一个不错的选择。

3. 学校周边地段。由于现在中小学普遍采取就近入学的制度，所以在中小学，特别是优质中小学周边地段的“学区房”就成了非常抢手的房产资源。与普通房产相比，学区房具有单价相对较高、升值空间相对较大的特点，而且在楼市低迷期，仍然能够保证比较稳定的成交量和租赁量。不过在购买这类住房时，应事先了解当地的入学政策，一定要确定购买的学区房有入学名额。

4. 近郊区。随着城市的发展，市区不断外延，近郊区的地产价格也在逐渐攀升，是相当诱人的。但要注意，近郊区的房地产投资较市区多了一层风险，因为近郊房地产属于计划开发区或临时延伸区，不确定因素多；再加上新开发的房产，交通、通信、物业管理等一时跟不上，需要相应的时间才能逐步完善，这些都需在投资前充分考虑到，以免盲目下注，后悔不及。

5. 价格洼地区域。事实证明，有些地区存在着房价中间低、四周高的现象。这些价格相对较低的区域被称为价格洼地。价格洼地往往是自然地理等诸多因素所导致的。一旦原来束缚其发展的力量变化或消失，或在客观条件成熟时有特别因素的刺激，价格洼地区域的房价往往会突然上涨，产生明显的“洼地效应”。

6. 重大工程建设区。大型基建工程的上马往往会带动工程区段周边的房地产投资热，因为每一项大型工程都会带来人流和物流的涌动，甚至能拉动一座新城镇的崛起。所以，大型工程周边的房产也是购房时可以优先考虑的热点。

理财提醒

在市场狂热的时候，很多购房者都是看好地段就盲目下单，但等到收房入住之后，往往会因为房屋本身的各种问题而后悔不迭。因此，购房者在买房前一定不要只考虑单方面的因素。尽管购房者选择项目的标准千差万别，但具体项目的选择还是有值得参考的共同点。另外，一般来说，在其他条件都类似的情况下，选择知名开发商的房产项目风险相对较低。所以，在购房时不要忘记调查一下开发商的资质。

这样可以最经济地贷款购房

小林与妻子结婚还不到两年，婚后夫妻二人一直租房子住。如今，他们有了十几万元的积蓄，小林便和妻子商量，与其每个月付房租，不如贷款买一套房子，反正房租和贷款利息也差不了多少，而且他们现在工作收入很稳定，每月两个人工资加起来约1.3万元，按时还贷应该没什么问题。妻子也同意他的想法，认为两人该有一个属于自己的家了。于是，小林开始忙活贷款的事宜。

在首付款的问题上，小林本想把自己的全部积蓄都拿来付首付，但如果这样，就没有闲钱来购买其他理财产品了。小林算了笔账，假设首付款减少5万，并用这5万元来购买基金，收益高于不减少首付款而少支付的贷款利息。由此小林得出结论，因为其他投资的收益有不少项目都高于贷款利率，所以在某种程度上，贷款越多越好，首付越少越好。当然，这一切都应控制在自己的负债能力之内。最后，小林决定将贷款金额控制在房屋总价格的70%左右，这样就可以有多余的资金用于改善生活品质和进行其他投资。

贷款金额的问题解决了，接下来就要考虑贷款年限的问题了，究竟多少年还清贷款最合适呢？一个最基本的常识是，借款期限越长每月还款就越少，但总还款额必然上升。小林算了一下，认为合理的还款期限应该设为15～20年。

通过这么一番计算，小林购买了一套总价值60万元的住房，首付15

万元，18年还清贷款。现在，他与妻子除每月还房贷外，还能有一定的余款，而且住在自己的房子里，生活也更加舒心、甜蜜。妻子总是夸小林有经济头脑。小林对自己也越来越有信心，他准备用剩下的钱购买基金，再用自己的“经济头脑”赚上一笔。

案例点评

买房历来是件大事，大多数人，尤其是工薪阶层，往往需要借助房贷才能购买心仪的房子。所以，有不少家庭在准备买房时，都会考虑办理银行按揭手续后贷款买房。

不过，贷款买房也有讲究。由于每个人的财富积累不同，对未来经济收入预期不同，因此选择的首期付款额也不同。首期付款额低，就意味着合同期内每一期的付款额高，特别是利息负担会多一些，但购房者将有多余的资金用于改善生活品质和进行其他投资。所以，如果你手上的资金不少，每个月的收入也很可观，除购房外，你还有其他比较在行的投资，那就不妨选择低一些的首付款，反正其他方面的收入会大大降低利息的负担。不管怎样，在你的负债能力范围内，应当选择最高的抵押率，最少的首付款，让钱能更好地生钱，才是最佳之举。

此外，借款期限也有讲究，借款期限越长每月还款就越少，但总还款额必然上升。因此，贷款期限并非越长越好。另外，对普通百姓而言，退休以后再承担较高的还款压力，风险较大。所以，要不要贷款，贷多长时间还是要根据自己的实际情况而定。

相关链接

目前，很多银行都推出了新的贷款方式，转按、加按、换按，这些都是方便购房者的选择。了解这些贷款方式，对于个人贷款购房及家庭理财会有很大的帮助。

1. 转按：变更住房借款人。如果你在贷款购房以后，想把这套房子卖掉，就可以进行转按。

2. 加按：延长原借款期限或追加贷款额度。如果你在贷款购房以后，由于资金或其他原因不能按时按量还贷，就可以申请加按。

3. 换按：变更抵押物。如果你在贷款购房以后，想变更抵押物，就可以换按。

理财提醒

贷款买房毕竟有一定的风险性，谁都无法预测明天将会发生什么事情。所以，在贷款买房之前，当事人应该做一个全面预算，将未来几年有可能发生的事情做一个大概的考虑，如失业、疾病和意外等，如果没有足够的实力应付这些灾难，那么就应该将贷款买房的计划往后安排。

提前还贷有讲究

辽宁省沈阳市的梁先生于2018年3月17日前购买了一套商品房，贷款总额78.4万元，贷款期限为20年，每月还款5130.84元。结婚前，父母曾给他买过一套小户型的房子，为了尽快偿还现在这套商品房的贷款，梁先生准备把那套小户型的房子卖掉。经过一番周折，梁先生那套小户型的房子卖了50余万元。于是，他想拿出48.4万元用于偿还部分房贷，再将剩余的30万元按揭。

目前在商贷当中，主要的还款方式就是等额本息和等额本金两种，其中使用最广泛的是等额本息还款法，梁先生采取的就是这种方式。那么，究竟采取怎样的还贷方式才最适合自己呢？为此，梁先生专门请了一位房贷专家，为自己算了笔账。专家为梁先生提供了4种还贷方案。

第一种方案月供最少，利息最多。即保持20年还款期限不变，这样每月需还款1963.33元，比提前还贷前的月供5130.84元减少了3167.51元。但这种还贷方式的利息最高。

第二种方案月供较少，利息支付较多。就是将还款期限缩短至10年，这样每月的还款额将达到3167.32元，比提前还贷前的月供减少了1963.52元，但比20年还款期限的月供多1203.99元。采用这种方案总利息共计比20年期少9万多元。这种方式月还款额和贷款年限都减少了，月供相对较少，但利息支付相对较多。

第三种方案月供较多，利息节省较多。如果按提前还贷前的每月

5130.84元计算，只需6年时间还清。这种方式虽然月供相对较高，但由于缩短了贷款年限，利息比20年期和10年期都少。

第四种方案月供最高，利息节省最多。如果将还款期限缩短至5年，此时月还款额增至5627.07元，比提前还贷前还多496.23元。但这种方式的利息只有3万多元。这种方式月供最高，利息也节省最多。

梁先生认为，自己提前还贷的主要目的就是减少利息，尤其是在贷款的最初几年，因为本金基数大，利息相应也高。以自己和妻子的月收入来计算，每月多出的不到500块钱的月供是完全可以承受的。

因此，根据专家的建议，如果单纯从节省利息的角度看，缩短贷款期限比减少月供更合适。所以，梁先生选择了第四种还贷方案。目前，他们的生活质量并没有因为每个月多增加的月供而下降，相反，由于还贷期限缩短、利息减少，梁先生觉得还贷压力减轻了不少，他正准备用剩下的资金投资理财产品，最好能够补偿房贷利息。

案例点评

虽然房贷可贷期限比较长，但是实际生活中，遇到手中资金十分充裕的情况，购房者还是会选择提前还贷。不过，购房者应当注意：提前还贷应因人而异，盲目提前还贷对于整个家庭的理财规划并无益处。

不过，对于很多自住买房人而言，贷款可能是在数年前买房时申请的，之前也已经有过提前还贷的经历，目前可能贷款本金已经不是很高，对于这些人来说，不用着急还贷。如果能够保留一定的贷款额度，对于贷款人进行其他消费也是有好处的。因为以后贷款的成本将越来越高。这些贷款人可以将准备还贷的资金用于其他投资，以抵消目前因利率增加而提高的月供。

总之，是否提前还贷还是要因人而异的，如果手头有闲散资金，又没有什么太好的投资方向，可以选择提前还款。但是如果房贷所剩还款项主要是本金，那么提前还贷意义不大；如果有好的投资、创业的机会，就没必要提前还贷，因为银行一般商业贷款利率要远远高于房贷利率，再贷款不划算；如果是公积金贷款，那么就更没必要提前还款，因为公积金贷款目前是低于商业贷款利率的。

相关链接

如果想提前还贷，就要事先进行预约。因为银行需要时间计算剩余贷款及利息，然后银行会根据我们的情况与我们约定提前还款的日期。除提前预约外，想提前还贷还要注意以下几个问题。

1. 是否具备了提前还贷的资格。目前大部分银行都要求房贷客户已经有一年的还贷历史。而还款的金额也有门槛，即使是部分提前还贷，最低还贷额也要达到 1 万元，否则银行不接受提前还贷的要求。

2. 罚息。提前还贷对银行来说并不一定意味着是件好事，相当于提前终止贷款合同，打乱了银行的资金安排计划。如果还贷已满 3 年，大部分银行暂时不会收取违约金，还贷 3 年以内的，银行还是会象征性地收取 1 个月的罚息，即对剩余贷款额度的利息再罚息，这个数目远低于一个月的还款额。目前，罚息只针对商业贷款，不适用于公积金部分。即使是组合性贷款，也只对商业贷款部分的提前还款进行罚息。

3. 调整还贷方式及贷款年限次数有限。对于部分提前还贷的客户来说，是可以借着提前还贷的机会，改变还贷方式的，如将等额还款法调整为等本还款法。也可以借这样的机会，变更还贷年限。不过这样的机会并不多，有些银行规定，即使多次部分还贷，调整还贷方式的机会也只有 1 次，而且调整年限为不超过原贷款年限，即只能调短不能调长。

理财提醒

目前，多家银行对贷款不到一年就提前还贷的客户办理提前还款收取较多的违约金。所以，贷款者应在决定提前还款前，到贷款受理银行进行咨询，或根据与银行签订的个人借款合同中关于提前还款的相关条款，在权衡提前还款的成本后，再决定是否办理提前还款。另外，剩余还款时间已超过贷款期限一半的贷款者，不必提前还款。比如，贷款年限只剩下四五年，这时的还款大部分都是本金的偿还，此时若想通过提前还贷达到节省利息的作用，意义并不大。

巧取巧用公积金

家住北京的王先生目前公积金账户余额有5万元，公积金贷款余额10万元，贷款年限30年；商业贷款余额50万元，贷款年限30年。他早就听说，如果运用好公积金贷款和冲还贷政策，可以使借款成本最小化。为此，王先生还特意请教了专家。

原来，公积金冲还贷方式有两种，即“一次性还款法”和“逐月还款法”。一次性还款是用提取的住房公积金余额一次性归还贷款余额。逐月还款是每月直接从委托人公积金账户中提取存款余额，用于归还当月贷款本息。

理财专家建议，像王先生这种情况，公积金账户资金余额较大，公积金贷款余额与商业贷款余额也比较多的，要尽可能多地享受公积金贷款的优惠，可以通过“逐月还款加压缩商业性贷款期限”来实现。采用逐月还款法，公积金账户资金可帮助他归还当月的组合贷款月供，因此可在向银行申请商业性贷款时先压缩贷款期限，使商业性贷款月还款最大化，从而尽可能多地利用公积金账户中的资金偿还高利率的商业性贷款。

具体操作就是将王先生的商业贷款期限缩短至两年，这样的话用逐月还款法冲还两期，即可将公积金账户资金基本用完，并且绝大部分资金用于归还商业性贷款。此后，可再向银行申请延长商业贷款期限，使月还款额重新回到自己可以承受的范围内。

当然，要采取此办法，在贷款时一定要选择一家可供任意调整贷款期限的银行。因为此办法的重点在于当公积金账户资金冲完后，可再向银行申请重新制订还款计划，把每个月的还款额调整到自己可以承受的范围。

那么，当公积金账户余额不多时，采用何种还款方式好一些呢？专家也给出了建议：如果公积金账户余额不多，逐月还款法更好一些。因为公积金账户资金余额较少，如果采用一次性还款法，所能冲还的贷款本金也较少，而一次性还款法一年只可冲还一次，因此公积金在公积金账户中就被冻结了一年时间。由于公积金账户存款利息低，对借款人而言不如使用逐月还款法，减少每个月的还贷压力。

此外，公积金贷款的使用范围已扩展到住房装修领域，一些银行已经取得了个人住房公积金大（装）修贷款承办资格。符合公积金借款条件的借款人在申请住房贷款时，只需再提供房屋装修合同和装修首付发票等相关材料，银行客户经理就会协助借款人住房置业担保公司申请个人住房公积金大（装）修贷款。

家住浙江省杭州市的陈小姐就采用了个人住房公积金大（装）修贷款。她 2016 年购买了需装修的住房，所购房屋面积 150 平方米，总价 200 万元，其中装修总价 25 万元，申请了住房组合贷款（公积金贷款 30 万元，商业贷款 100 万元，还款期限 20 年）。由于陈小姐所购房为需装修的房子，她便向银行申请了个人住房公积金大（装）修贷款 15 万元［按照每平方米贷款 1000 元计算，150 平方米的房屋公积金大（装）修贷款最高可贷 15 万元］，贷款期限 20 年。这样，就相当于将原 100 万元商业性贷款压缩为 85 万元，利息总额也减少了很多。

可见，了解并运用好公积金贷款和冲还贷政策，对于减少个人住房和装修贷款的利息会有很大的帮助。

案例点评

随着部分地区住房公积金政策的调整，公积金贷款的使用范围已从自住购房扩展至大修和装修。因此，对于购房者来说，如果运用好公积金贷款和冲还贷政策，可以使借款成本最小化。公积金贷款的借款期限越长，月还款额就越少，每月冲抵后剩余的金额就越多。这样，就可以有两个选择：一是保持商业性贷款借款期限不变，减少每月的还款负担；二是保持月还款负担不变，则可以缩短商业性贷款的还款期限，节省利息支出。

也就是说，尽管 20 年期公积金贷款应还利息比 10 年期的多，但您不一定要花 20 年时间还清公积金贷款。就像案例中的王先生那样，等还清商业性贷款后，可以根据当时自己的公积金缴存额，再申请缩短公积金贷款的还款期限，甚至可以提前还清公积金贷款，这样就能真正做到用足公积金了。

另外，由于借款人获得了更多的公积金贷款，其贷款结构发生了变化，即贷款总额中公积金贷款占比增加，商业性贷款占比减少。由于公积金贷款利率较低，因此通过个人住房公积金大（装）修贷款，借款人可大大降低贷款成本。

相关链接

住房公积金是指国家机关、国有企业、城镇集体企业、外商投资企业、城镇私营企业及其他城镇企业、事业单位及其在职职工缴存的长期住房储备金。这一定义包括以下几个方面的含义：

1. 住房公积金制度只在城镇建立，农村不建立住房公积金制度。

2. 范围只包括在职职工。无工作的城镇居民不实行住房公积金制度，离退休职工也不实行住房公积金制度。

3. 住房公积金由两部分组成，一部分由职工所在单位缴存，另一部分由职工个人缴存，职工个人缴存部分由单位代扣后，连同单位缴存部分一并缴存到住房公积金个人账户内。

4. 住房公积金缴存具有长期性。住房公积金制度一经建立，职工在职期间必须不间断地按规定缴存，除职工离退休或发生《住房公积金管理条例》规定的其他情形外，不得中止和中断。这体现了住房公积金的稳定性、统一性、规范性和强制性。

5. 住房公积金是职工按规定存储起来的专项用于住房消费支出的个人住房储金，具有两个特征：

一是积累性，即住房公积金虽然是职工工资的组成部分，但不以现金形式发放，并且必须存入住房公积金管理中心在受委托银行开设的专户内，实行专户管理。

二是专用性，住房公积金实行专款专用，存储期间只能按规定用于购、建、大修自住住房，或交纳房租。职工只有在离退休、死亡、完全丧失劳动能力并与单位终止劳动关系或户口迁出原居住城市时，才可提取本人账户内的住房公积金。

另外，根据相关公积金政策，所购房屋为一手房和竣工 5 年以内新房的，公积金贷款最长年限为 30 年，所购房屋为二手房的，公积金贷款最长贷款年限为 15 年，并且不能超过借款人法定离休或者退休时间后 5 年，即男性借款人可以贷到 65 岁，女性借款人可以贷到 60 岁。一户家庭（夫妻）只可申请一笔公积金贷款。因此，如果夫妻的年龄差异不大，那么丈夫来做贷款人，申请到的贷款年限更长；如果夫妻年龄相差较大，年龄较小的那一方做贷款人，就可以申请到期限更长的公积金贷款。

理财提醒

由于公积金贷款利率要比商业性贷款利率低一个百分点，因此在组合贷款中，要合理地设定较长的公积金贷款年限和较短的商业性贷款年限。这样，在还款额相等的前提下，就能多偿还利率较高的商业性贷款而减少利息费用的支出。

出售还是出租

卢先生，30 岁，在一家 IT 公司做软件工程师，月收入 1.2 万元，年终双薪。卢太太，27 岁，在一家私营企业工作，月收入 8000 元，年终双薪。家庭每月日常支出约 4000 元。他们有一套 80 平方米的自住房，目前价值约 90 万元，贷款还有 9 万元。还有一套投资房，两室两厅，总价 120 万元买入，目前价值约 160 万元，贷款尚有 87 万元。这套投资房目前用于出租，每月租金 3500 元。卢先生一家每月的还贷支出近 6000 元。此外，还有 7 万元左右的活期存款。

卢先生计划明年年底前生一个孩子，为了给孩子将来的教育储备资金，想尽早偿还房贷，然后将剩余资金进行一些投资。就其现在的家庭资产情况，计划明年年底前生一个孩子，是完全可以承受的。至于提前还贷，由于其现在家庭资产并不多，1 年到 2 年之内还有大的支出，确实有一定的难度。

因此，卢先生决定以 90 万元出售自己目前的自住房，还清贷款 9 万元，这样不计算其他费用的话可以回收资金 81 万元。同时搬进目前正在出租的房子，一是为即将出生的小宝宝做准备，二是提高自己的居住品质。卢先生本想缩短银行贷款期限，但考虑到自己房贷金额较高的状况，还是选择提前归还部分房贷 81 万元（从卖房款中支出），这样虽然将会减少每月 3500 元的租金收入，但每月还款额可以降低，每月的现金流通状况和结余状况会变好。

对于家庭流动资金的安排，卢先生考虑到目前家里的流动资金比较充足，除留下其中3万元作为流动应急金外，可以将一部分存在银行，另一部分用于投资货币市场基金或短债基金。这样可以保证这部分资金的流动性，以便作为应急金使用，并且一年有4%左右的收益，每个月也有分红，风险较低。这部分资金是作为生活保障用的短期投资。

由于卢先生从未进行过投资，所以他决定进行中长期投资，主要是投资于开放式基金，其风险性较货币市场基金要高一些，但流动性相对较差，适合两年左右的中长期投资。

另外，每个月的收入结余可以定期按比例投入基金定投，这部分资金是为孩子的养育做准备。这样，孩子今后的教育费用就有了保障。

现在，卢先生的生活品质和居住环境都得到了改善。看来，卢先生从自身实际条件出发，选择出售一套房屋是完全正确的。

案例点评

如果个人名下拥有两套贷款购买的房屋，每月月供的压力显然会加大不少，再加上必要的生活开销，倘若安排不周的话，很容易出现资金捉襟见肘的问题。所以，对于自己手中的房产资源要学会合理地配置，要么出售，要么出租，以便缓解压力。

分析卢先生的家庭收入结构、支出水平及理财习惯，我们可以得知，虽然卢先生夫妇月收入不算少，还有一套房产每月可收租金，但由于房贷总额较大，再加上生活开销，卢先生一家的经济压力偏大。虽然他的家庭现阶段没有较大开支，生活质量尚可保证，可是一旦孩子出生，在养育方面花费的资金肯定是一笔巨大的开支。所以，卢先生未雨绸缪，将手中的一套房产出售，并调整了另一套住房的贷款还款情况，使得自己身上的压力一下子减轻了一大半。

相关链接

当前，“以租养房”成为越来越多人的选择，因为它可以大大缓解购房还贷的压力。从方式上看，以租养房主要分为两大类：一类是原有一套住房，通过按揭贷款购买新房，再将旧房出租，用租金偿还贷款；另一类则是直接购买新房或二手房后用于出租，用所得租金偿还贷款。

不过，以租养房并不简单，它需要当事人积累一定的资本，掌握一定的购房知识和技巧，以最大限度地发挥以租养房的优势。

1. 对第一类出租者，由于原有住房的地段、房型、周边环境等已确定，租金收入受周边同类房屋租金影响，差距不会太大。这时，最重要的便是如何增加月租金收入。其实，比较简单且有效的办法就是先花上几千元对原有住房做一下装饰、整理，以提高房屋的租赁价格，再寻找合适的房客租出去。

2. 对第二类出租者，考虑的问题就要多一些。因为房屋租赁市场与买卖市场对房产好坏的评判标准是不一样的，好租的地方不一定是商业中心，也不一定是房屋买卖最活跃的地方。因此，在购买房屋时就要对房产的地段、类型、房型等进行选择，还要考虑出租给什么人合适、什么时候变现等，这样就能更好地避免首付后每月的租金收入不足以偿还贷款的问题。

3. 当然，既然是投资就会有风险，以租养房的风险就在于房屋出租会有一个空置期，即从买下后到租出去的那段时间。即使是已出租的房子也可能会中途断档，这就需要你事先进行周密的考虑并预留一部分足够度过这种风险期的资金。只有这样，才能更好地发挥以租养房的优势。

理财提醒

如果你手中的房子还有比较明显的涨价空间，或者当地的房屋月租明显高于你承担的月供，那么你就能比较轻松地通过“以租养房”来实现收益。此时你应该选择继续持有，而不是出售。

节省租金小技巧

田小姐是一位参加工作六年半的外企员工，六年半的时间里，她一直在租房住，换了五处住址，可谓一个租房老手了。对于如何在租房上节省资金，田小姐可是摸索出不少的门道。

从租房的第一天起，田小姐就一直采取与别人合租的方式。起初，她在网上发布了一条合租信息，很快便找到了合租的人选。她们租了一套30平方米的一居室，月租金1500元，这样两个人每人各分担750元即可，水、电、燃气费是单算的，不过两个人都是上班族，只是晚上回来，所以每个月50块钱足够了，于是田小姐与同伴每月轮流付费。一个季度后，她们的租约到期了。考虑到田小姐的一位同学也想与她们合租，于是田小姐又在同一地段找了一套55平方米的两居室，3个人合租，每人每月承担租金900元，水、电、燃气费还是轮流付。后来，田小姐又与两个朋友合租了一套80平方米的三居室，房租4000元，3个人平摊下来，比一个人租一居室要划算，况且也可以每人住一间屋子，各自有了自己的私人空间。另外，从相互照顾与居住安全的角度来说，合租也更有利。

说起租房的位置，田小姐也颇有经验。她认为，找离单位（写字楼区）稍远的房源，租金会相对便宜一些。离写字楼区较近的房源，房东自恃距离的优势，一般租金较贵且不肯让步。所以，田小姐的观点是不妨选择在距离单位5千米半径的范围内，即骑自行车15~20分钟的区域内选择合适的房屋。相比更靠近写字楼区的房屋，房东的要价会更低一些。每天在上下班的时候骑车就权当运动好了，而且每月能因此节省一笔租金，何乐而不为呢？

通过几次租房的经历，田小姐摸索出一个规律，即每逢暑假或寒假结束、年末、年初，都是租房行情相对火爆的季节，一般来说，这个时节由于学生毕业、进城务工人员增多，要租房的人会大量增加，市场上需求大于供给，这时房东在租金方面轻易不肯让步。针对这一特点，田小姐认为，不妨套用生活中反季节购买衣服的经验，错过高峰期后一两个月再去租房，也许会获得意想不到的优惠租金。

另外，田小姐认为，租房毕竟不是买房，对房型大可不必过于苛求，甚至可以将房型的缺陷，当作砍价的“武器”。而对装修状况也不必过于苛求，除有特殊的要求外，最好租装修简单的房子，因为这种房子的租金比精装修过的房子要便宜。家电方面，如果自己没有特殊的要求，只要请求房东提供电视机、洗衣机等生活必需的设备就足够了。如果房东能提供宽带或无线网就更好了，还能省去不少网费。

如今，田小姐的工资比刚参加工作时翻了三番，但她依旧在与人合租房子。她说，自己正在攒钱买房，已经攒了18万元，离自己的梦想越来越近了。

案例点评

如果暂时不具备买房的条件，不妨考虑通过租房来减轻生活压力。不过，租房也不能随意为之，应当掌握节省房租的学问。比如，合租就是一个不错的办法。大家都知道合租的好处，如果多人合租，每个人承担的租金会相对便宜些。而且年轻人不必非要在工作单位附近租房，可以找离单位稍远但交通比较便利的房源，租金同样会低一些。

另外，避开租房高峰期也是节省租金的一个好办法。同时，在租房时不要过度讲究房型、装修及电器，只要满足基本的生活需要就可以了，这样也有利于节省租金。

总之，在租金上多节约一点，手头积累的资金就会越来越多，这些资金无论是用于投资理财，还是留作日后购房的首付，都是不错的选择。

相关链接

在决定租房前，有必要了解完整的租房程序，这对我们安全租房会有很大的帮助。一般一套完整的租房程序包括以下几个方面。

1. 验证。主要是对房子的真实性进行验证。我们一定要看到房产证的原件，保证房子信息正确，还要查验房东身份证（原件复印件均可）。如果是通过中介租房，必须看到房东与中介的委托协议（重点关注房子信息、委托期限等，另外要保证你的租住期限在房东委托给中介的期限之内）。

2. 议价。议价的内容主要是中介费、代理费、房屋租金、押金、取暖费（可能要单付，也可能与租金一起付，或由房东承担）、物业保安费（可能单付，也可能与租金一起付，或由房东承担）、定金和其他费用（上网费、电话费、数字电视费等）。这些费用一定要交涉得清清楚楚并落实在合同上，才不会在日后引起纠纷。

3. 交易和付款。费用和租金定下来后，就要签署正式的房屋租赁合同，并实际交付款项了。如果是直接联系房东的房源，把上述问题明确后，与房东签订房屋租赁合同即可。合同中应主要明确入住责任、付款方式、房东责任、房间物品清单等。房东收讫租金要写出字据。如果是别人转租的房子，虽然可以节省中介费，但是要注意在验证房屋所有权和使用权上多下点功夫，不光要检查房产证、房东身份证、房屋租赁合同，还要检查转租人的个人信息（如身份证、职业等）。如果对方是从中介处租的房子，则要基于其之前与中介签订的费用协议，对照房屋租赁合同确认是否属实，并要留意租赁合同的条款（具体合同细节可以上网找到），确定准确无误后方能签字。

理财提醒

注意，在明确费用签署协议之前，千万不要付任何钱（主要是押金和中介费等）。等价格、相关费用及责任都以协议形式明确下来以后，才能交中介费和押金。为了避免不必要的损失，在签订协议时，一定要注明租赁关系结束时，在房屋及设施没有损坏的情况下，房东应当全额退还押金。

投资商铺该出手时就出手

两年前，赵先生在成都经营了一家饭店，生意非常好，经常出现顾客排队等候吃饭的情况。于是，赵先生有了再开一家分店的念头。可饭店用房在地段和面积上都有一定的要求，如果是租房开饭店，现在好地段的租金都很贵；买房开店，一时也拿不出这么大一笔资金。于是，赵先生向一位银行理财师求助。了解情况后，理财师建议赵先生按揭购买商铺，理由是与其每月支付昂贵的租金，还不如用这笔钱来还按揭贷款。

这样一来，赵先生心里有了谱。接下来就是选址的问题了。他认为，闹市区并不一定好，因为那里的交通实在太繁忙了。开饭店最好还是在闹市区附近的小马路上，也就是说地段既不能太热闹也不能太偏僻。地段固然重要，菜肴是否有特色才是能否成功的关键。但饭店不同于其他商铺，它所服务对象的层次、消费水平可以说比较宽广，在这种情况下，它的知名度也成了必须考虑的因素。知名度就是一个品牌，对于吸引客源具有很重要的作用，如果做到了良性循环，就可以维持饭店的兴旺。

基于以上考虑，赵先生通过寻找、筛选和比较，终于在市中心的一条次干道上看中了一家新开楼盘的裙房，面积也正合适，只是价格比原来预期的要高出10%左右。经过了解，周边地段商铺的价格一般是同一楼盘住宅的2倍左右。赵先生觉得该商铺价格还在合理范围之内，加之与对面另外一个新开楼盘的商铺价格相比，这家楼盘商铺要便宜7%左右。于是赵先生当即拍板，签订购房合同。

之所以这么快就拍了板，赵先生有自己的想法。他认为，获取信息是否快速和决策时是否果断是非常重要的。尤其是在目前的情况下，好的商铺奇缺，甚至有的客户上午没有做决定，下午就被人捷足先登了。所以，一旦目标确定，该出手时就出手。

如今，赵先生的分店已开张营业，每天生意兴隆，每月支付商铺按揭贷款绰绰有余。前不久，赵先生去了解了一下周边同类型商铺的价格，发现价格已经上涨了许多。赵先生十分庆幸自己听了银行理财师的建议，做出了正确的决定，才没有错过这次绝好的投资机会。

最近，生意兴隆的赵先生又在四处考察了，他准备再买一套商铺，开自己的第三家分店。

案例点评

商铺，作为商用房产，是楼市中的高端产品，随着住宅限购、限贷等政策的出台，很多投资者开始把目光转向了受调控政策影响较小，同时有稳定租金回报的商铺。

当然，投资商铺绝对不能瞎打误撞，只有真正明白了其中的门道，才有可能立于不败之地。相对于住宅而言，商铺需要更高的投资技巧。因为城市发展规划、商业网点布局、地区人流状况等诸多因素都会对商铺投资产生很大的影响，假如有某个因素考虑不周全，就会面临相当大的风险。

赵先生此次投资成功，首先是因为他知道无论是购买住房还是商铺，地段始终是最重要的因素，人气足的地方，客流量大，做生意比较容易，所以旺铺的价格较贵是正常现象。其次是因为他把楼盘本身的情况也作为了考虑的重要因素之一。沿街新造的大产权商铺结构好又有质量保证，当然升值潜力也大。最后是因为他还将欲购商铺与周边商铺进行了比较，发现价格还是比较合理的，这才下定决心购买。由此可见，商铺与商铺间的比较不可缺少。为投资安全起见，一定要到商铺周围实地看一看，比较一下，确定相应的价格之后才能下手。

相关链接

目前，很多人都选择在专业市场开自己的店铺，如果是这样的话，以下几点就一定要注意了。

1. 产品特色很重要。专业市场往往经营的是同类产品，相互之间的竞争非常激烈。所以，如果你所经营的产品与周边其他商铺相比没有独特的优势，生存下去就比较困难了。

2. 要考虑市场的知名度。知名度就是一个品牌，对于吸引客源具有很重要的作用，如果做到了良性循环，就可以维持专业市场的兴旺。

3. 政策因素不可忽略。与住宅商铺相比，政策因素对专业市场的影响是很大的，这里的政策主要是当地政府对专业市场发展的意见。

4. 新市场开张需三思。市场刚开张时投资者不宜急于进入，还是等一等、看一看再说。如果等这个市场运行了一段时间，了解了具体的情况后再投资的话，风险就会比较小。

5. 专业市场风险大。很多投资者往往只会从商铺本身去研究其投资回报，但他们所要面临的最大风险是市场本身的关门倒闭。这时，不论你是租的还是购买的商铺，市场一旦关门，这个商铺对你来说就一点意义也没有了。所以，在做投资决定前一定要把市场风险调查清楚。

理财提醒

在投资商铺前，一定要先做收益风险评估，而且必须考虑到自己会遇到的所有风险，如经营惨淡、市场管理不善等，看看自己是否能够承受一定的风险，才能开始考虑投资商铺。另外，市面上有些商铺需要根据开发商的自身规划来经营，无法自主经营，所以准备购买这样的商铺时也要三思而后行。

第三章

日常消费理财

对于当今的很多家庭来说，理财逐渐成为必修课。无论目前收入状况如何，你都需要知道如何才能以更合理的方式来实现家庭经济目标，这样的目标小到准备日常用度、增添家电设备，大到买车买房、子女教育、养老等。实现这些目标的方式依赖于开源和节流两方面，二者不可偏废。而且，对于不少人而言，节流比开源更重要。

理财从记账开始

2013年大学毕业后，吴争在深圳的一家企业找到了工作，月薪6000元。刚到深圳时，由于刚参加工作，吴争每月挣多少花多少，根本没有理财的概念。半年后，去参加了同事的婚礼，同事语重心长地对他说："小伙子，快点攒钱买房娶媳妇吧，有了媳妇才有家的感觉呢。"

回来后，吴争想，我怎么才能攒够买房的钱啊？自己最初的理财水平只限于问"存款是存三年，还是存五年好"，他不懂基金，也不懂股票。像身边很多年轻朋友一样，吴争对待金钱的态度轻松而随意，没有什么理财的概念。所以在工作后的半年里，吴争基本是"月光"。他觉得这样下去不是办法，就去请教了那位同事，同事告诉他，自己是用记账的办法把工资的70%都变成了积蓄。于是，吴争抱着试试看的心理开始了记账生活。

记账初期，吴争也有过"三分钟热度"的经历。不过，在慢慢地摸索之后，他还是找到了坚持不懈的方法。由于工作努力，到年底，他的月工资已经涨到7000元，而且还有各种补助将近1000元，这么算起来，平均月收入约为8000元。记账第一年，每月发工资时，吴争先将5000元转账到同银行的另一张卡上，以零存整取的方式存成定期，强迫自己每月都能进行一定的储蓄。

在尝试记账之前，每个月3000元的花销对于他来说是远远不够的，可开始记账后不久，吴争就发现自己每天的部分开支其实是没有必要的。

为了将这些不必要的开支找出来，吴争开始在记账过程中研究收据。为此，他养成了索取发票的习惯。晚上记账时，把发票拿出来，就会看到时间、金额、品名等信息，也就能够判断自己有没有多花冤枉钱了。此外，银行扣缴单据、捐款凭证、借贷收据、微信转账凭证和支付宝的交易记录等，他都会加以保存，并会将这些支出项仔仔细细地记在账本上。这样做听起来麻烦了一点，却会让生活和消费变得井井有条。

在厘清自己的支出情况后，吴争又开始进行支出预算的工作了。他把支出预算分成可控制预算和不可控制预算，如房租是不可控制预算；每月的零花、交际、交通等费用则是可控的，对这些支出好好筹划，是控制支出的关键。起初，吴争每月的3000元额度总是不够，他对自己的支出进行了分析，将一些可有可无的花销去掉后，反而有了资金来有计划地购买一些“奢侈品”，如两三个月买一件稍贵一些的衣服。同时，通过对自己消费记录的分析，他的消费结构也更趋合理化，如他发现账目中少了运动，多了娱乐，就把资金多分配给运动开支，去健身中心办了一张卡，有空的时候去做做运动，不但能够缓解工作疲劳，还能让体魄变得更加健壮。

靠着记账和强制性地攒钱，到2015年年底，吴争已经有了6万元的积蓄，并且他的生活质量没有下降，消费也变得更有规律了。后来，吴争将存款取出，按照专业理财师的推荐进行了投资。这是他理财路上很关键的一步，他开始接触到一些存款替代品，这也为他的理财之路开辟了一片新的天地。

到2017年年底，吴争已经拥有了更多的积蓄，这在他学习记账之前是不可想象的。所以他认为，攒和赚同样重要，而记账，就是理财的第一步。

案例点评

消费记录就是把因为什么事、花了多少钱记录下来，可以每天做，也可以每周或每月做。消费记录可以定期分析自己或家庭的消费结构，及时纠正错误的消费趋势，使消费更合理。对大件物品的消费记录，还有助于对这些物品的保养、维修、更新提供依据。另外，可以经常对比总结，看看本周和上周的消费有什么区别，本月和上月相比消费为什么多了或少了。

对于记账，很多人都觉得麻烦，特别难以坚持，甚至觉得记流水账对自家的财务没有多大意义。有很多“月光族”说，该记的账记了，可不该花的钱照样花，不知道怎么控制自己的支出。其实，如果能够坚持记账，它的好处就能够慢慢显现出来。例如，案例中的吴争，短短 4 年时间，就从“月光族”摇身变成了“有产族”，除了通过努力让自己的薪水“节节高”外，还得益于他及早地养成了记账的习惯。

养成记账的好习惯是非常重要的，我们应当从每天的记账开始，把自己的财务状况数字化、表格化，这样不仅可以轻松掌握自己的财务状况，更可替未来做好规划。

相关链接

俗话说“开源节流”。“节流”不是不能消费，而是要把花销控制在最合理的水平。为此，记账就是一项必不可少的工作。以下四点能够帮助你通过记账来更好地理财。

1. 善用记账工具。可以购买家用记账簿，或在网上下载免费的记账软件来使用。

2. 妥善保管支出收据。将网银、支付宝、微信支付的记录和发票、收据及水电费账单保管妥善，这样即使是间隔较长时间才记一次账，也不会遗漏。

3. 多账户法。这是一种专业的记账方法，就是按照会计的分类方法，把账户分为定期定额账户、房贷扣款账户、信用卡账户、现金领用账户等，便于记账管理和控制花销。

4. 注意记账频率。最好的记账模式是每天记录，最少也要每周登记一次。如果实在懒得记账，也要注意控制自己的支出，如可以每周定额从自己的提款卡里提取固定金额，数字大概为月收入的 20%，剩下的资金可以用来储蓄或投资。之后还可以不断控制提取金额的数量和次数，使得可以用来储蓄或投资的资金越来越多。

理财提醒

记账时最好根据消费和储蓄来分类。刚开始时可能储蓄类的资金会比较少，但随着时间的推移，储蓄会逐渐增多。消费类要根据自己的消费习惯设立项目，如可增列美容费用、置装费、医疗费等。这样如果超支了，就能快速找到过度消费的原因。

用明天的钱圆今天的梦——消费贷款

随着经济的发展和人们生活水平的提高，个人和家庭消费的观念也在悄然发生变化，传统的消费方式正在改变。吃苦耐劳、崇尚节俭的中国人历来主张“量入为出”“存钱预备将来”，“负债生活”被引以为耻。而今，“今天花明天的钱”已逐渐为人们所接受，并被视为一种全新的、值得倡导的消费方式。

小陈就是一位名副其实的“负翁”。大学毕业一年多的她选择了贷款买房。她到银行贷款48万，再向父母要了一些钱，交了首付，一套60平方米的房子就到手了。她的父母虽然是靠艰苦奋斗积累家业的中年人，但对于自己女儿的这种做法也是能够理解的，这的确是一种观念的进步。小陈的贷款期限是20年，现在她的月收入是6000元左右，除去月供，每月能剩下2800元左右。

买了房当然就得有家具、家电，小陈把电视、冰箱、微波炉及家具都买齐了，花了4万多元，其中有一部分是向朋友借的，还有一些是通过蚂蚁花呗、京东白条等消费信贷产品获得的消费额度。尽管已经“负债累累”，但小陈还准备贷款买车。对于这一切，小陈认为，花未来的钱是一种乐观的生活态度，从中能体现自己对未来的信心，还能起到促进社会消费的积极作用。对于有能力挣钱的人来说，只需把还贷的压力转化为动力，驱使自己更加努力、积极地对待工作和生活，就可以提前一定年限享受到今后足可以达到的理想生活。只要计划得当就不会影响正常生活，何乐而不为呢？

不久之后，小陈的父母也用明天的钱圆了一个今天的梦。小陈父亲单位分的房子太窄太旧，而且面临拆迁，补偿的钱原本就不多，可房价还一个劲儿地猛涨，小陈父母无奈只好先行一步，咬牙按揭了一套住房。考虑到收入和将来可能的用度，他们选择贷款20年。虽说要多付一笔不菲的利息，但每月的月供他们足以承受。尽管如此，一想到整整20年的负债，小陈父母心里多少有点不安。但小陈认为，父母能够提早住上好房子才是最重要的。

不过小陈绝不是那种花钱没数的人，她认为，自己不仅要努力去赚钱，更重要的是要学会怎样去花钱。钱虽然不是万能的，但有时候花了钱是可以获得快乐的，该花的钱花出去了，享受了，这就是赚钱的意义。

案例点评

一直以来，中国人的消费观念都是提倡有多大的能力办多大的事，讲究量力而行，认为只有等攒足了钱再去消费心里才踏实。事实上，人们完全可以根据自己的实际需要，选择提前消费来改善自己的生活条件，并可拉动社会消费，产生积极的意义。

“用明天的钱圆今天的梦”，经济越发达的国家和地区的人们对这种观念越赞同。他们认为，这是合理利用银行资金的消费方式，是对自己资金的长期支配。事实上，学会科学地提前消费不仅能够提升你的生活质量，还能帮助你养成正确的理财习惯。

相关链接

尽管提前消费有很多好处，但我们也应当注意到，有些人并不擅长对此进行规划，结果难免会陷入盲目消费的状态，并会因此背负很多不必要的债务。更有甚者因为资金周转不灵，采用了“借新债还旧债”的办法来填补空缺，结果让自己在负债的道路上越走越远。对此，我们应当多进行理性的考量，要正确判断自己是否适合提前消费，并要做好还款规划，以减轻负债过多造成的经济压力和心理压力。我们应当注意做好以下几点。

1. 判断提前消费的必要性。在进行提前消费前，一定要先认真衡量一下，看看自己是否值得为所要购买的东西背上负债。比如，那些为了享乐或与人攀比购买的商品，就不值得用负债的代价去购买它们。但若是为了更好地提升生活质量，就可以考虑进行提前消费。就像小陈因为手头的资金不够购买一套住房，但住房对她而言又是刚需，那就可以考虑以首付加贷款的方式购买住房，这样可以提前拥有一套心仪的居所，让自己的生活质量大幅上升。

2. 做一个理性的“负翁”。在进行提前消费前，要实事求是地评估自己的收入能力和收入水平，避免日后还款金额超过自己的收入而引起麻烦。而且在办理贷款时，一定要如实报告自己的收入，切不可谎报，否则将来受损失的肯定是自己。

3. 做好资金配置。准备贷款者可以事先到银行咨询，银行工作人员可以根据你的个人收入来为你设计较为合适的贷款方式。另外，还应准备好固定要缴付的商业保险、日常支出、医疗支出等项目所需要的资金，所以月还款额度不可过大，最好安排在家庭可支配收入的 40% 以下。

理财提醒

选择提前消费，要注意选择正规的平台进行操作，这样才能更好地保护资金安全，避免自身信息遭到泄露。比如，线下消费时，银行信用卡就比鱼龙混杂的分期付款平台要可靠和安全得多；如果是线上消费，我们也应当选择正规的互联网分期消费平台，并要仔细核对分期消费的利息、手续费、服务费等，防止被非法平台骗取高额的利息和服务费。

婚礼花费巧筹备

郑泽与未婚妻王圆都是在重庆市工作的外地人，28 岁的郑泽在一家私营企业工作，目前月收入为 8000 元。比他小 3 岁的王圆在一家事业单位工作，月薪 5500 元。两人在重庆一直是租房子住，为了结婚，他们贷款购买了一套总价 120 万元的新房，但要到两年后才能入住，所以两人 13500 元的月收入，除了要支付 2500 元的房租和 5300 元的月供，还要应付其他的消费支出，剩余的资金比较有限。好在两人的收入都很稳定，而且单位还给他们缴纳了一定金额的医疗及养老保险。

不过郑泽还是感觉心理压力很大，因为他和王圆成婚在即，新房的装修、家具、家电及结婚的开销等一大堆令人头疼的问题尚未得到解决，而且结婚以后如何增加家庭的收入，如何进行积极而又稳健的投资计划，也是不得不考虑的问题。更何况等今后有了小孩还要准备一大笔养育经费。所以，两人开始有意地精减支出，把日常开销严格控制在 3000 元以内，这样每月能够节余 2700 元左右。现在两人还有银行存款 5 万元，除单位提供的医疗及养老保险外，没有参加任何商业保险。

本着“集中力量办大事”的原则，郑泽决定简单办理自己的婚事，这样可以省出一大笔资金。为了保证住房和结婚两件大事的顺利完成，他决定将 5 万元存款全部购买一款基金产品，然后平时有什么零散的资金，也存入基金账户中，这样既能获得比较稳定的收益，也容易变现。另外，郑泽考虑到保险能够降低家庭因意外变故而遭受重大损失的风险，所以即使资金再紧张也要投保。不过由于自己的家庭这两年内要完成的大事比较多，郑泽决定每年拨出 5000 元规划一份基础保障。

有了这个理财规划后，郑泽心里踏实多了，从这个完整的规划当中，他已经看到了自己的美好未来。

2017 年年底，郑泽与王圆办了一场节俭但不失体面的婚礼，亲戚和朋友都送上了诚挚的祝福。如今，看到自己投资的基金小有收获，郑泽曾经的压力早已化为动力了！

案例点评

郑泽和王圆是现代爱情故事的两位主人公，也代表了当今生活在大都市中的相当一部分年轻人。他们独立好强，拥有一份不错的收入；他们对生活充满好奇，尽情享受青春岁月。虽然两人每月入账不算少，但是扣除了房租、房贷、交通、餐饮娱乐的支出后所剩无几。对于结婚后的郑泽和王圆来说，担负的责任更加重大。

作为准备结婚的年轻人，首先要学会充分利用银行贷款，这样在购买首套房时，就能够从银行借到 70% 的按揭贷款。由于郑泽和王圆还很年轻，其收入预期还有一定的上升空间，所以贷款的期限可以安排得稍长一些，这样虽然利息负担会重一些，但每月还款不会有太大压力。

此外，结婚不必铺张。按照一般的情况，一个不是非常铺张的婚礼，基本可以做到收支平衡。结了婚以后，当前的目标就实现了，此时就该为家庭未来的发展做好规划。等到几件大事都办完了，有了多余的资金，就可以根据自己的实际需要进行金融投资，以便获取更多的回报。

虽然资金少的家庭投资理财要受到一定的限制，但钱少并不意味着不需要理财。相反，由于经济紧张的家庭抵御风险的能力小，更要勤于理财。例如，案例中的郑泽如果不进行理财，恐怕他的几件大事很难顺利完成。有了理财规划后，郑泽不仅顺利地解决了自己的几件大事，而且还有了收益，这就是理财的好处所在。

相关链接

低收入家庭不能只一味地叹息资金紧张，不够开支，整日拆东墙补西墙，而应该巧动心思，掌握理财技巧，坚持长期理财。一般来说，低收入的家庭在理财的时候要注意以下几点。

1. 定时定额或按收入比例存款。每月领到工资后第一件要做的事就是对这个月的开支做一个大概的预算，然后留出一部分资金，将剩余的部分或存入银行或转入理财账户中。

2. 计划采购。每月都要对自己该采购的东西进行一次认真仔细的清点，如服装、日用品等的购买都要进行规划，并记在一个专用的本子上，然后按照自己的计划进行采购。

3. 注意养成勤俭节约的习惯。这是减少日常开支的一个重要环节。例如，使用一些节能、节水设施等，虽然每次节约的金钱不多，但是日积月累，节约的金额就会比较可观。

4. 压缩人情消费开支。现在的社会人情消费花样很多，但只要掌握适当、适量、适度的原则，还是可以轻松应对的。比如，举办婚礼、庆祝生日等活动，规模越小越好，一来不铺张浪费，二来也减少了亲朋好友的负担。

5. 延缓损耗性开支。家庭中的任何物品都要勤于保养，尽量延长其使用寿命，以提高使用率，这样就能够避免提前购买新物品而产生的开销。

理财提醒

很多新婚家庭可以调用的资金比较有限，因此在安排投资理财计划时，要以资金的安全性为先。为此，不妨参考“4321法则”，也就是说，可以将资金划分为几部分，其中40%用于房贷、房租等主要的支出，30%用于家庭日常生活的开支，20%可以存为定期存款，剩下的10%可以用来购买基金、保险产品等。当然，这个比例也并非一成不变的，可以根据自己的实际情况进行合理的调整。

生活用品消费技巧

小周与丈夫刚刚办完婚礼，住进了贷款买的新房。付了首付之后，他们的银行账户资金已所剩无几，可家里还没有买大件的电器。双方父母倒是给他们提供了一部分资金，但两个人觉得将一部分钱用于投资比都买了不会生钱的家用电器好，所以，小周想了一些好办法。

他们夫妻两人上班地点离家较远，中午都不能回家吃饭，可以先不急着买冰箱，免得还要花不少电费“养”一台使用率不高的电器。他们都不爱看电视，但是都比较爱玩电脑，因此也不用急着买电视……就这样，小周列出了一个购买大件电器次序表：电脑、洗衣机、空调、冰箱、电视机……总之，先购买使用率高的电器，再买价格和使用成本（指电费）高的电器。这种排列次序是比较合理的。

此外就是家庭耐用品的购买，如锅碗瓢盆等，是生活必不可少的。小周认为，这些东西一定要买做工精致的、耐用的。因为一套好的餐具能用十几年甚至几十年，这就比买一些劣质的容易损坏的餐具要实惠得多。小周回忆了一下，自己娘家十几年前买的碗，至今还在用，七八年前买的不锈钢餐具，现在仍在餐桌上唱主角。买一套好餐具，不摔不打的话，一辈子也用不坏。正是由于这些耐用品具有自然损耗小、更新周期长等特点，再加上它们在家庭生活中实用性强，所以购买时没有必要图便宜。

在结婚初期，小家庭往往会面临比较大的经济压力。小周决定改掉自己曾经赶时髦的购物方式，不去抢购那些只流行一时的东西，如时髦的衣服、皮鞋、装饰品等，一旦流行风潮过后，这些就没有什么用武之地了。而那些基本款的衣物，如剪裁大方的西装、套裙、大衣等，永远不会过时，五年前可以穿，五年后只要没有破损，穿上一样得体。

小周还时刻提醒自己，没用的商品千万不要买。以前，小周有过这样的经历：明明星期天进商场是为了买鞋，结果顺手又买了两件大减价的丝质衬衣；明明去超市是为了买两条毛巾，结果买了毛巾后，又顺手买了两大盒鲜牛奶……最终，由于减肥计划一直没有落实，那两件丝质衬衣只能年复一年地躺在箱底，直到被虫蛀出小洞；由于整天在外吃饭，错过了鲜牛奶的保质期，两盒牛奶只能白白扔掉……

另外，小周总结出一条经验，大做广告的商品应该慎重消费。所谓“羊毛出在羊身上”，商家在广告上投入越多，说明该商品的成本越高，这些用来做广告的费用最终还是由消费者埋单了。所以，购买前一定要三思。不仅如此，抢手的东西也要慎重购买。如今是市场经济，有需就有供，很少会有真正想买而买不到的东西。小周认为，有些商品之所以会出现抢手的局面，有一部分是商家“饥饿营销”的手段。她就曾经吃过这种亏：好不容易花大价钱买来了一件抢手的商品，没过多长时间，这种商品就大幅度降价了。

有了这样的精打细算，小周两口子终于可以合理地安排父母给的那一部分钱了。经过一段时间的合理消费后，他们并没有感觉到生活拮据，反而发现手中攒了不少闲钱，可以用来理财投资。这让他们对未来充满信心，每天都干劲十足。

案例点评

小周家所处的阶段正是家庭成长期，即刚刚结婚组建家庭的最初一段时期，一般为 2 ~ 5 年。该时期是家庭的积累期，家庭成员的经济收入都比较低且花销较大，所以一定要做好规划。比如，小周虽然目前收入不高，但收入预期很好，因此，现阶段的她按照先聚财、后享受的顺序调整自己的理财计划是十分合理和必要的。

另外，由于新婚家庭可支配的资金本就十分有限，所以预备性质的开支应尽量减少，既可避免过度支出，又能避免因产品更新换代或超过保存期、保质期而带来损失。同样，赶时髦、凑热闹性质的盲目性开支也不可取。如果随意购物，为开支而开支，往往会造成积压和浪费，所以要学会讲求实用，有目的地消费，非当时所需绝不开支，否则积少成多也会造成不小的浪费。

另外，对于生活耐用品，勤于护理可以延长其寿命，提高使用率，这就在无形中减少了因过早更新换旧而增加的开支。所以，对电视机、电冰箱、洗衣机、空调等大件物品，以及汽车、电动车等交通工具要加强护理，这样虽然不会直接减少开支，但也可以达到节省的目的。

相关链接

如今，刚刚步入新婚殿堂的大多是 20 世纪 90 年代出生的人，由于其中大部分是独生子女，往往习惯了想要什么买什么的生活方式，因此对于理财的观念比较淡薄。但在结婚后，个人就要承担很多的责任，如要为生儿育女准备必要的教育资金等。因此，越是新婚家庭，越要学会怎么花钱。以下花钱的八个原则，可以作为参考。

1. 不是常用的东西，最好先不买，正所谓“有钱不买半年闲”。

2. 不要被商家的“大甩卖”所迷惑，再诱人的商品，只要实用性不强，都不要去购买。

3. 出门购物时只要带适量的现金就可以了，没必要把钱包塞满，省得控制不住自己，买了很多不需要的东西。

4. 每月基本生活费留出来以后，可以分为四个星期的配额来使用，尽量做到消费均衡。

5. 每月用于休闲和娱乐的资金不要超过收入的 15%。

6. 不要在肚子饿的时候去逛超市，否则就会犯“眼大肚子小”的错误。

7. 花钱要有目的，每一笔花费都要知道它能给你带来什么。

8. 不攀比、不虚荣、不嫉妒，踏踏实实过好自己的日子，别人有是别人的，要懂得奋斗，心灵的享受才是最重要的。

理财提醒

在购买生活用品时，购买的时机是非常重要的。因为同一件东西在不同的时间、不同的季节，往往可能存在惊人的差价。就拿冬天盖的羽绒被、毛毯来说，在夏季就经常会有清仓甩卖的活动，如果在此时购买，有时价格甚至会比原价低一半以上。有的商家经常会定期开展让利活动，在活动中购买商品也能省下不少钱。所以，我们在购买某些不急用的生活用品时，不要太快做决定，不妨先缓一缓，寻找一个最佳时机，在该物品降价较多的时候再购买。

四招教你告别“月光”

芳芳是一名刚参加工作的大学生，参加工作以来，她一分钱也没攒。不是她不想攒，而是她攒不下。每逢月底，芳芳看着空空的钱包困惑不解，为什么我越挣越多，却越来越穷呢？她对曾经那句“钱是挣出来的，不是省出来的”人生信条也开始怀疑了。

于是芳芳请教了妈妈。妈妈笑着对她说：“不错，钱是挣出来的，但你别忘了，挣钱也是有前提的，真正的有钱人，是用钱挣钱的，你现在连本钱都没有，不靠省靠什么呢？”芳芳恍然大悟，认为自己应该早点告别“月光”的生活。于是，在妈妈的指导下，芳芳总结出四招消费大法。

第一招，定点消费。虽然每月的日常开销看上去只是很小的一部分，但一年下来的金额往往令人吃惊。如果能够在固定商场消费这笔金额，每年商场会有积分回馈等活动，说不定就能让你带回心仪已久的礼物。不仅如此，很多商家也推崇忠实消费，于是各种VIP卡应运而生。这既给商家带来了顾客忠诚度，又给消费者带来了优越感。于是芳芳在日常购物时就开始选择定点购物，如购买日用品时就会固定在一个离家较近、定价也非常合理的大超市，如此，每年的超市积分都能让她换购一些礼品。同样，她购买服装时也会选中一个价位适中，风格与自己的气质相配的品牌服装店，现在她已经成为该店的钻石VIP客户，可以享受8.5折优惠，并且每季都能获赠几件饰品。

第二招，团购消费。团购就是在购物时把你认识或不认识的消费者都联合起来，加大砍价能力的一种消费模式，而团购与社交电商模式结合后，更是引起了消费者的浓厚兴趣。作为网购爱好者，芳芳自然不会错过团购，在购买生鲜食品、美妆产品、家具家电时都会到网上团购平台去看看，这样一来省下了不少钱。

第三招，逆向消费。买房装修、结婚请酒、健身旅游，诸多花销都有旺季淡季。作为囊中羞涩的都市新鲜人，旺季总是让人望而生畏，看着钱“哗哗”地流出，那份心疼恐怕也只有自己知道。在品尝过旺季消费的痛苦之后，芳芳决定多利用淡季满足自己的消费需求，如购买反季服装，巧用年假参加淡季旅游等，这些都能为自己省下一些开支。

第四招，计划消费。芳芳发现，提前订购往返机票不但能够节省下宝贵的时间，而且还能获得较高的折扣。航空公司为了揽客，通常会给提前订票的客户诸多优惠，有的最低折扣甚至能够达到四折，而且预约越提前，优惠越大。所以，在订票前做好充分的计划，就能省下不少开支。还有提前订购鲜花，与节假日当天的价格暴涨相比，这样做会便宜许多，所以订花也要做好计划。另外，芳芳的健身卡办得也很有水平。为了不让健身卡沉寂于抽屉深处，她先办了一张月卡，如果当月去的次数超过15次，再考虑办季卡，然后再是年卡。虽然月卡比较贵，但如果办年卡却又坚持不下来，那么还不如月卡更实惠，这样省下的钱足够买好几身漂亮衣服了。

通过这四招，芳芳发现自己省下了不少钱，看着日渐丰盈的钱包，芳芳觉得生活就应该这样，她再也不想做“月光公主”了。

案例点评

25岁到35岁是人生精力最充沛的年龄，也是人生财富的重要积累期。不过，二十五六岁时，走出校门的时间还不长，作为一个职场新人，正在经历前所未有的考验，经济上入不敷出，“月光”的情况并不少见。

在还没有能力挣到足够多的钱时，省钱就是一门必须掌握的学问了。也许，妈妈们通常习惯的固定线路出行、固定商场购物，在我们看来有些陈旧，没有新意，但省钱的秘诀恰恰就在这里面。定点消费往往能够让我们享受商家为回头客专门准备的种种优惠。

同样，购物的时候与其花费大量时间和精力去货比三家或是与商家讨价还价，不如考虑一下团购，这样既方便，又可以帮助你享受价廉物美的商品或服务。

另外，现在的人喜欢扎堆儿，就连旅游、结婚也常常选择长假时节，但是旺季消费有不少弊端。比如，在结婚的旺季，各种婚庆的费用节节攀升，服务也常常难以到位。所以，想要节约开支的话，就不妨巧妙策划婚礼，避开高峰时段，选择淡季结婚，以享受较好的服务品质并节约不必要的开支。

最后，我们还需要有计划地为自己未来的消费进行一个整体规划，这样不但生活更加从容，还能够节省不少开支，这也是都市新鲜人聪明的选择之一。要知道，提前制订消费计划，可以让你有充裕的时间比较、准备，从而避免临场的手忙脚乱。不过，在这里必须提醒你，计划赶不上变化，所以制订计划之前一定要确定你的时间，要给自己留好退路和缓冲的时间，避免不必要的改变影响你之前的计划。

相关链接

年轻人刚走入社会，参加工作，有了自己的收入，很难控制住自己的花费，但一切都需要积累，所以学会理财很重要，不妨参照以下的原则进行。

1. 量入为出，掌握自己的资金状况。首先应建立理财档案，对一个月的收入和支出情况进行记录，看看花出去的钱到底流向了何处。然后可对开销情况进行分析，看看哪些是必不可少的开支，哪些是可有可无的开支，哪些是不该有的开支。要学会控制自己的消费欲望，特别要逐月减少可有可无及不该有的消费。

2. 强制储蓄，逐渐积累。发了工资以后，可以先到银行开设一个零存整取账户，每月发了工资，首先要考虑到银行存钱。如果存储金额较大，也可以每月存入一张一年期的定期存单，一年下来可积攒 12 张存单，需要用钱时可以非常方便地支取。

3. 别盲目赶时髦。追求时髦、追赶潮流是年轻人的普遍心理特点，但这也是需要付出代价的。其实，有些时尚永远也追不上，有这些精力和金钱还不如琢磨一下如何理性消费和制定自己的规划。

理财提醒

很多年轻人喜欢在电商平台上购物，不过要注意不能一味贪图便宜，却购买到了假冒伪劣商品。比如，有些商品的价格过于低廉，甚至不合乎商品的价格规律，与市面上的同类商品价格相差极大，这样的商品最好还是不要购买，不要贪小便宜，因为那极有可能是假冒品或劣质品。

另外，选择商品时，要仔细地查看详情介绍，还要查看其他买家对此商品的评价、打分情况。一般情况下，分数越高就代表商品质量越好，图片与实物差距越小。同时也不要忘了与商家联系，询问商品的具体情况。在咨询时，一定不要忘记问一下有没有优惠，如是否可以包邮、有没有优惠券等，或是近期有没有优惠活动，这样也能让我们在消费时节省一些开支。

出国游省钱有技巧

随着经济条件的不断改善，国人出国观光的机会越来越多了。很多有条件的人都想走出国门，领略一下异国风光。

老王夫妇就是一对特别讲究情调的夫妻，他们年轻时就喜欢到国内各地观光游览。现在，孩子都已成家立业，这老两口就开始出国游了。从他们第一次报团去泰国到现在已经有十年了，这十年来，老两口去了美国、英国、加拿大、澳大利亚等诸多国家，在出国旅游方面可谓经验十足了。他们总结出一套出国游的理财模式，已经在无数次实践中得到了证实。

我们国内大部分人都是随团出国游，因此旅行时不涉及住宿费、门票及车船费用，而主要是购买商品的消费。所以老王认为，出国游不要带大量现金，否则既不安全也不方便，要学会使用信用卡。现在报团出国旅游已不限于一国，一趟旅行可能同时走遍几个国家，甚至横跨几个洲，若要转汇十分麻烦，而且往往无法预估所需外汇的数目。而使用信用卡消费，可以避免携带过多外币现金的安全风险与不便，尤其是在欧美地区，一般商业者对持卡消费的顾客都非常礼遇，不管是住宿、租车、购买机票还是采购商品都非常便利，同时还可免除现金多次汇兑的损失与不便。

不过，并不是全世界所有的地区都可以使用信用卡消费，像一些落后国家的商店，并不接受信用卡消费，而有些国家的货币现钞，我们国内银行数量不多，结汇不易。因此，老王还学会了使用“旅行支票”。通过亲身经历，老王体会到，出国旅游使用旅行支票消费，可以说安全省事且接受度高，又可控制个人消费。它除了可弥补信用卡额度的不足外，还有两大好处：一是方便各类消费使用，不管大小金额皆可；二是签名才可使用，比现金安全。

一般而言，银行供给旅行支票的种类与数量都比外币现钞来得多，人们购买各国旅行支票比购买现钞容易。旅行支票有两个签名处，取得支票时最好先在支票指定处左上角签名，且签名最好和护照统一，而且最好用中英文同时书写，下款空白处留待使用时再签，切不可完全空白或上下款同时签妥，否则视同现金，一旦遗失便无法挂失。

以前，老王总认为出国前只要换些面额不同的美金或欧元带在身上，到了旅游国再用美金或欧元去当地银行兑换当地的货币使用即可。但实际上，由于携带的现金数量庞大，反而容易成为歹徒觊觎的对象，徒增潜在的风险，心里总是不踏实。

就便利性而言，老王认为，在各种支付工具中，以外币现金支付在国外的各项消费款项最为便利，到了当地再兑换当地货币往往需要两次手续费，而且由于汇率不同，常会造成汇兑上的损失。但随身携带大量的外币现金并不安全，如有遗失，也很难寻回，所以老王每次出国旅游只结汇购买一定数量的外币现金，以支付一般的小额款项。

通过上述分析，老王现在基本上是根据各国的具体情况，视旅行地点及天数来规划及搭配国外旅游的支付工具。现在的他，无论到哪个国家购物消费都能够得心应手，而且能够节省不少手续费。

案例点评

目前，中国人的消费能力大增，但对于消费支付工具的知识仍显不足。事实上，从以往国人一出国就大肆消费的习惯来看，支付工具的选择十分重要。懂得在外币现金、旅行支票、信用卡等不同的支付工具中，按汇率走势搭配交互使用的消费者，才是一个成功的个人理财“精算师”。

大家在选择支付工具时，可随旅游国消费付款特性的不同，适当地搭配使用外币现金、旅行支票和信用卡，兼顾便利、安全与汇兑成本。

通常而言，欧美国家多接受客户以旅行支票或信用卡支付消费款项，而一些欠发达国家的商店，较少接受顾客以旅行支票或信用卡支付消费款项，在这些地方以当地通用的货币现钞或美元现钞付款较为方便。所以，前往发达国家最好以旅行支票和信用卡为主，较为便利，以小额现金为辅，可以用于支付小费或小额消费；前往欠发达国家，或信用卡、旅行支票不普遍的国家，还是以现金为主，信用卡备用。

国内几乎各家银行均可办理信用卡，主要以美元双币卡为主，也有欧元银行卡。根据出游地不同，可选择不同币种的一卡双币银行卡。去欧洲的话，大部分城市的商场、超市均可刷卡，因而带欧元双币卡最方便，也最合算。

通常，就同一货币而言，人们向银行买卖银行支票，适用的汇价较现钞优惠。基于这些因素的考虑，部分擅于精打细算的人会选择购买旅行支票，到了国外再兑换所需的现钞，因为当地的旅行支票在当地银行兑换成现钞不需要任何费用，非常划算。此外，外币现钞若没有用完，有意卖回给银行，因适用不同的汇价，旅行支票可卖得比现钞还高的价格。若购买旅游国当地货币的旅行支票，而不是一概购买美金旅行支票，一来可节省汇兑差价，二来可省下兑换的手续费，可以说是一举两得。

相关链接

出国游前要做很多准备工作，购物支付工具的准备也是一项非常重要的任务。大家出发前可要仔细盘算一番，以免出国购物时吃亏。一般需要注意以下几点。

1. 货币兑换有技巧。出发前，先了解旅游地货币使用情况，事先兑换好当地货币，兑换时应尽量选择合适的比例。而在国外消费时，可根据汇率、消费多少及当时的环境决定使用何种货币。在一些小国家，尽量选择手中已有货币，也可少量兑换。

2. 别忘使用人民币。当人民币对出游国货币汇率明显上升时，若可以选择人民币消费，应首选人民币。

3. 避免多次兑换。对于比较热门的目的地，出门前可以先换好当地货币。为避免多次兑换产生损失，建议外出尽量使用当地货币。

4. 刷卡消费最省钱。在能刷银联卡的韩国、泰国等国家，使用银联卡刷卡消费，中间只需经过一次货币兑换过程，汇率折算最精准，因此也最省钱。

5. 现金购物选准币种。很多人出国时不考虑出行地使用的币种，而是将所有的外汇额度全部换成美元。其实这种做法很不理性。现在出国旅游前可供兑换选择的币种主要有美元、欧元等。兑换美元，还是兑换出行地的货币，主要依据外汇市场走势来决定。这样可以避免汇率转换带来的损失。

理财提醒

由于国内很多消费者已经习惯了移动扫码支付，出境后没有这样的服务难免会感觉不便。再加上中国游客的消费实力与日俱增，所以现在国外的一些商家也在努力“讨好”中国游客，逐步接入了支付宝和微信支付业务，还推出了更低的“专属价格”，以吸引游客消费。比如，东南亚、大洋洲、北美洲、欧洲的移动支付业务就出现了迅速的增长。所以，打算到这些地区游玩的话，就可以尝试寻找提供移动支付服务的店铺消费，这样支付时更加方便、快捷，而且扫码的同时即可完成退税，并享受商家提供的一些优惠，从而达到省钱的目的。

都市三口之家的完美购车计划

35岁的周国富是某大学的教授，年收入约35万元，夫人吕静华是一家重点医院的主治医生，年收入约25万元。他们心爱的宝贝儿子周咏霖刚刚5岁，正在幼儿园大班就读。周教授的父母均为退休干部，均有“三险”，身体尚可，不需要他们的帮助。

周教授夫妇名下有一套100多平方米的大房子，现在市价超过了220万元。周教授在股票上已投资10万元，投资和收藏的字画作品价值已逾20万元。5年前，周教授夫妇还分别购买了5份交费期20年的重大疾病终身保险。目前，周教授尚有银行存款30万元。现在，他最大的愿望是将自己的座驾换一换。他打算提升一下座驾档次，将几年前购买的丰田轿车换成一辆宝马轿车。

周教授看中的车型想要全款购买的话，再加上各种税费需要花费约52万元。虽说按照他家现在的经济情况，想要买下这辆车也没什么困难，但是周教授转念一想，如果购完车再加上养车的费用，自己的银行账户可就所剩无几了。所以，为了稳妥起见，周教授把自己的财产分成了三个单元。

第一单元为必要开支，包括日常开支、健身费用、旅游费用，以及意外保障、健康保障、子女教育等费用，每年共计15万元。第二单元为投资单元，这样可以增加收益，弥补购买轿车留下的财政空白。周教授根据自己的情况精心选取了几种投资方式：证券投资，继续持有10万元股票，并每年追加1万元。字画投资，继续持有价值20万元的字画，并且每年追加2万元。外汇投资，从家庭存款中分出6万元进行外汇投资。黄金投资，从家庭存款中分出6万元用于黄金或金币投资。第三单元当然是实现自己换车的梦想了，周教授决定拿出52万元购买自己心仪已久的轿车。当然，每年还要拿出2万元用作汽车的相关支出。

这么算下来，周教授买车这一年的花费一共是84万元，而他与夫人的年工资加起来是60万元，再加上银行存款30万元，一共是90万元，最后还能余下6万元。看来周教授可以放心地把那辆宝马车开回家了。

这样一规划，周教授就在不影响自己生活水平的基础上顺利地实现了自己的换车梦，拥有了一辆心仪已久的新轿车。

案例点评

现在有钱的人越来越多，汽车又越来越便宜，于是不少人开始盘算着买一辆车或者换一辆更加高档的新车。但每个家庭的情况不一样，而汽车又是一种消耗品，不只是买了就没事了，今后的各项相关费用也是个不小的数目。因此，买车一族有必要对自己的财务状况做一个细心的估算，千万不要发生“买得起车，养不起车”的状况。

周教授一家是典型的知识分子家庭，靠知识创造积累家庭财富。这样的家庭，不但收入高，而且相当稳定，能够经受一定的风浪，生活水平比较有保障。从家庭投资理财的角度考虑，周教授一家的生活安排，首先要考虑的就是生活要有质量、有品位；其次要努力追求高风险、高回报的资本收益。当然，中长期的子女教育投资、养老投资等也要妥当地考虑。从周教授的理财规划上看，周教授安排得非常妥当，自己的生活保障、投资的收益都能有保证。在此基础上，换辆新车也是理所当然的事情了。

相关链接

相信每个人在购车之前，对于要花多少钱来购车，心里已有了个底。但除了购车外，还必须考虑到养车的费用，分为固定费用及变动开支两项。另外，安全性也是购车一族不得不考虑的重要问题。

1. 固定费用。包括买车费、保险费、停车费、牌照税等。需要注意的是，并不是买车时花了多少钱就将这些钱全部列为损失。大多数人会在四五年之内将车子卖掉，收回一部分买车的钱，并将它投入下一部新车中。买价减去卖价即为这部车子的折旧费。一般而言，在最初的 3 年内将失去原价的 1/3 或一半。

2. 变动开支。这项开支最重要的部分是汽油及机油的开销，轮胎的更换及保养、修理费用等。如果选择较为省油、保养费少、折旧较低的车子，可为你节省不少的开支。如果你是都市上班族，经常面临塞车的情况，小型车能为你节省不少油钱、税金及保险费。如果你是经济能力较好或住在郊区的人，则可考虑购买中型车，马力大些，车内也更宽敞些，又可享受驰骋的快感，只是算下来会多花不少钱。

3. 安全性。选择具有基本安全配置的汽车，如安全玻璃、防撞保险杠、安全气囊、ABS 制动系统等，对于驾驶人的生命安全有着莫大的保证，这些配置虽然会增加你的购车经费，但安全永远是第一位的。所以，在资金比较紧张的情况下，预算中可以减少一些花哨的开销，如真皮座椅套、高档音响等，但绝对不可以省去安全性能保障的配置。

理财提醒

在同等用车、同档次车型的情况下，买车最划算，其次是打车，租车费用最高。最明显的差别在于小型车，买车比打车能节省近千元。

精神消费不能少

说到精神消费，要先说说精神享受。对于这个问题可谓见仁见智：对于爱好音乐的人来说，听一场高质量的音乐会就是一次绝妙的精神享受；对于爱好旅游的人来说，当他逍遥于湖光山色之间时，那种感觉自然是心旷神怡；对读书爱好者来说，买到几本好书的意义远胜于吃一顿海鲜大餐；对一个小孩子来说，最高兴的事可能是得到一个电动恐龙玩具；对热恋中的男女来说，他们不惜花千金博得对方一笑；而老年人花钱进电影院可能只是为了看一场20世纪五六十年代的老片子……这些其实都是精神消费。

无论是刚刚结婚的小两口，还是年过半百的老夫老妻，精神消费都是其家庭消费中一项必不可少的开支。曾几何时，刘丹也是一位忠实的电影迷，可结婚后，为了节省家庭开支，她对于电影的热情已不再高涨，偶尔才会去电影院买票观看。时间长了，她总觉得生活中似乎缺少了些什么。

细心的丈夫发现，妻子好像不怎么看电影了，这可是她曾经最大的爱好，而且谈恋爱时两人经常在电影院约会。于是在一个周末，刘丹的丈夫买了两张电影票，在吃饭时把票送给了妻子。虽然不是什么大片，但那家电影院的效果足以给人视听上的震撼，回家后，刘丹一直都很亢奋，说自己找回了曾经的感觉。丈夫也为她高兴，鼓励她要经常去看电影，并许诺如果自己没什么事一定会多陪她去的。

但刘丹的心里开始犯嘀咕了，经常看电影可是一笔不小的花费，现在的电影，票价一般都在三四十元，要是追求更好的观影效果，到IMAX影院观看，那又要多花几十元。如果夫妻俩每个礼拜都去电影院看电影，一个月下来，光电影票的开销就是几百元。这对于这个正处在积累期的小家庭来说，绝对称得上是一笔不菲的开支。可丈夫认为，精神消费是必不可少的，攒钱固然重要，但若因为攒钱而影响心情，是不划算的。因此，丈夫想出了一个两全其美的办法，既保证了两人一定的精神消费，又不至于影响家庭的攒钱计划。

由于他们常去的影院现在实行了周二半价的政策，所以可以选择在周二去电影院看电影。这样一个月去看两次，一般单人花费不会超过40元；两个人一起去的话，花费七八十元。另外，很多视频网站也提供付费观看电影的服务，看一部正版电影的价格也就几元钱，比买电影票实惠得多。还有一些网站，如果充值成为VIP会员，还能欣赏到更多的新片资源，只不过影片没有电影院更新得那么迅速罢了。这样算下来，小夫妻俩每个月只要准备出120元的电影费就够了，其中80元购买电影票，另外40元给视频网站充值或看付费电影。这120元虽然不多，但对于精神消费来说，意义深远。

有了丈夫的分析与开导，刘丹也想开了。是啊，每个月拿出120元作为精神消费开支，自己是能够承受的。何况看电影能获得精神上的享受和放松，何乐而不为呢？

如今，刘丹每个月都会与丈夫去电影院看电影。和丈夫坐在电影院里，她仿佛又找回了恋爱时的感觉。

案例点评

精神消费是指为满足人们的精神文化需要，提高消费者的文化知识水平，陶冶情操，愉悦情绪，以精神产品为对象的消费。

对任何一个现代家庭而言，精神消费都应该是一笔不可或缺的固定开支。有些家庭很注重安排吃住等项目的支出，却十分吝啬于精神消费，这种消费结构是很不科学的。正确的做法是：每月安排一定数额的精神消费，以收入的 5%~15% 为宜。如果当月没有用完，可以将之延续到下个月；再用不完的话，就应当检讨一下，看自已是不是太疏忽“精神养护”了。

相关链接

同物质消费比，精神消费是较高层次的消费活动，精神消费包括生活性精神消费和生产性精神消费。我们每个家庭的精神消费就属于生活性精神消费，它主要受以下几个因素的影响。

1. 生产力水平。一般来说，社会生产力水平越高，精神消费的总量就越大，内容也就越丰富。反之，生产力水平越低，精神消费的内容就越贫乏。在社会生产力水平相同的情况下，不同家庭精神消费水平的差异一般要大于物质消费水平的差异。

2. 一个国家的传统文化、国民素质等因素也对居民精神消费的数量和内容有较大的影响。这些影响因素是客观存在的，且较为稳定。

3. 家庭收入分配结构。要满足家庭成员精神消费的需要，提高精神消费的比重，发展精神文明，就必须切实采取措施，改善收入分配结构，树立健康、良好的消费观。

理财提醒

在精神需求难以满足的情况下，人们的心理经常会发生微妙的变化，或心烦意乱，或情绪暴躁。久而久之，就会造成身体的不良反应，如失眠多梦、体乏无力等，而适当的精神享受对身心健康有很好的促进作用，所以不能单纯为了省钱而省去所有的精神消费。

第四章

职场理财

在现代经济社会中，财富的创造已呈三元的态势：劳动创造价值和财富，资本创造价值和财富，知本创造价值和财富。并且在价值和财富的创造过程中，知本与资本的结合更具创造力，更具决定性。身处职场的中青年手中正好拥有这两张牌：知本和资本。所以说，职场中的理财对于中青年也十分重要。

在打工中实现三个原始积累

李文生2007年毕业于一所全国著名的医科大学的药学系。毕业后，他通过自己的努力进入了广东的一家大型制药企业从事研发工作。这家企业工作条件不错，工资、福利等待遇也比较好，李文生对这份工作非常满意。

不过李文生的同学中有不少人没有选择稳定的工作，而是选择了自己创业。其中有几人已经成立了自己的公司，当上了老板。在毕业六年后的一次聚会上，李文生看到昔日同窗取得了这么大的成就，心中非常羡慕，便也萌生了辞职创业的想法。

基于专业条件，他想开一家属于自己的医药公司，可现在的他对开医药公司一点经验都没有。为此，他准备先了解营销管理的基本常识，于是他从自己所在的公司跳槽到了一家民营药品销售企业，凭借自己在药品行业的经验当上了销售主管。

不到一年时间，李文生就靠自己的知本、勤劳与优质服务，构建起了自己的营销网络，他领导的团队销售业绩也占据了这家公司在这个城市的半壁江山。他因此晋升为分公司的经理。

当了经理，所要掌握和了解的东西就更多了，公司的运作和各种人事上的往来都需要他亲自出马。上任之初，李文生吃住在公司，对每个部门的工作都要亲自过问。勤劳的李文生很快便熟悉了业务，掌握了公司的各项运作机制。两年后，这家分公司在李文生的领导下，创下了历史最好业绩。

就在这时，从未放弃过心中梦想的李文生向公司提交了辞呈，准备自立门户，创办一家自己的医药公司。接下来就是勤奋打拼了。为了开公司，李文生日夜筹划，利用各种新老关系，终于把医药公司开起来了。凭着之前担任医药公司经理的经验，李文生很快带领公司步入了正轨。到 2017 年年底，他的公司旗下已拥有一家药品研究所、一家制药厂、一家药品销售公司、一家医疗器械销售公司。

在谈及创业经历时，李文生说他最要感谢的是他曾经为之服务的那家药品销售公司。是那家公司帮助他完成了创业资本、经验和社会公共关系的原始积累。如果不是这些打工经历做基础，恐怕自己离实现梦想还很远。

案例点评

原始积累是市场经济条件下年轻创业者迈向成功的基础，也是年轻创业者启动财富之门的钥匙。

在原始积累中，又以资本积累、经验积累、社会关系的积累最为重要，而这些积累在初期主要靠给别人打工来实现，除此之外，没有任何捷径。李文生就是通过这种方法实现了这三种原始积累，这也是一种堪称“短、平、快”的方式。

然而，只做好积累还是不够的。问题的关键在于，想要自主创业者在思想上有没有足够的准备，在计划上有没有清晰的目标，在行动上有没有迅速的动作，在落实上有没有显著的成效。准备、目标、行动、落实这几个环节缺一不可，也是每一个想要自主创业者首先必须解决的问题。

相关链接

对于手头资金有限的人来说，小本创业是一个好出路。但迈出第一步前一定要做好充分的准备，切忌因头脑发热、考虑不周而陷入困境。为此，应注意以下几点。

1. 要敢于尝试。人要敢于尝试一切新的东西，创业时要把握好理想的时机。最好是仍有工作在身或刚失业时就考虑创业，此时家人在财力和精神上都可为你提供较大支持。

2. 知识投资很关键。任何时候都不要放弃你对新知识和新鲜事物的追求，要不断地思索、学习、进步，超强的学习能力是你成功的基础，所以平时不要忘了对自己进行知识投资。

3. 寻找最具价值的投资创业机会。找到具有前景的行业，不管是自己当老板，还是投资别人的公司，都能获得较多的收益。另外，平时自己也要努力工作，不放过任何一个可以积累经验、知识和人脉的机会，这样才能抓住机遇。

4. 经商项目要选准。自己创业当老板，绝对不可盲目。一定要选准投资项目，万不可大意，所以不光要选有前景的项目，还要选自己比较熟悉和有把握的项目。

5. 不能照搬经验。市场的情况是千变万化的，做生意固然离不开丰富的经验，但也不能机械地照搬过去的经验，要经过科学的预测，并与实际情况相结合，才能让经验更好地指导创业实践。

6. 工作与理想兼顾。兴趣是事业成功的重要因素，所以在工作时不妨从你最感兴趣的事情入手。比如，你爱好旅游，就可以寻找与旅游相关的工作，如旅行作家、旅游摄影师等，这将让你在工作中展现出更多积极性、创造力，也更能助你早日成功。

7. 别太早做发财梦。千万别太早做发财梦，否则难免会失望。所以，在创业之前，你先要做最坏的打算，应预先想好万一几个月都入不敷出，又要给员工发工资时的应急之计，或者遇到市场行情突变、货品销不出去时有何对策，这样才能做到处变不惊。

理财提醒

创业初期，资金往往还不是太充足，为此，你应当进行充分的规划，弄清楚自己缺少的资金数额。如果数额不大的话，可以通过亲人、朋友集资帮助，这样也可以少付一些利息；如果数额较大，就需要申请贷款或者找投资机构帮忙了，但后者显然比前者利率高、风险大。所以，一定要谨慎选择，尽量把风险降到最低，这样才能安心实现你的创业梦想。

三招打理年终奖

曲静是北京一家大医院的护士，工作以来，单位每年都会发 3 万元年终奖。这不，又到了年终之际，曲静被评为先进员工，比往年还多收到了 3 万元。由于曲静还没有结婚，一直吃住在父母家，所以每月的工资都花不完，年终奖自然也是一分没动，都存到了银行。现在，加上这次发的奖金，曲静的银行存款已经有 15 万元了。

由于平时上班比较累，曲静也没考虑过购买理财产品，只是把钱都一股脑地存入了银行。这次，发了这么多钱，曲静的同事都建议她炒股或买基金，而且现在银行也新推出了不少理财产品，这样总比存钱的利息多。曲静听说自己同科室的一位男大夫买基金已经赚了 5 万元，看来购买理财产品比单纯把钱存入银行划算多了。于是，曲静决定看看有什么适合自己购买的理财产品。

她先来到了一家离医院较近的银行，这家银行新推出的理财产品收益都比较高。曲静找了一位工作人员，将自己的情况告诉了对方，对方根据她理想的投资金额和投资期限，帮她找到了一款最适合的理财产品，投资期限为 6 个月。曲静因为不太了解银行理财产品的特点，还有些犹豫，工作人员向她解释道："给您推荐这款理财产品的原因一方面是收益率比较可观，另一方面是因为实际购买日和起息日之间还有一段时间间隔，所以多次分批购买不如一次性购买合算。"

曲静还是有些不放心，便给医院的同事打了个电话。同事告诉她：

"你购买的时候千万要分清楚银行代销的理财产品和银行发售的理财产品啊。"曲静吃了一惊，连忙问："这两种产品有什么区别吗？"同事向她介绍道："银行代销的产品就是银行以外的机构发行的，银行不过是个销售渠道，购买的收益难有保证；银行发售的产品是由银行负责投资和收益分配，资金也是转到银行的资产管理账户名下的，产品风险性较小。"

曲静听完同事的介绍后茅塞顿开，她回去找那位工作人员，问清了这款产品是不是银行代销的产品，还仔细地看了相关资料，这才放心地选择了购买。现在，曲静已经习惯经常从手机银行上查看自己购买的理财产品的收益，眼看着数字一天天增多，曲静的心里美滋滋的。

案例点评

对工薪族而言，年终奖是一笔大额收入。除银行活期存款外，还有什么更好的投资项目可以使这笔资金更快地增值呢？建议您不妨关注一下人民币理财产品。

银行理财产品的风险系数是较低的，相比公募基金，银行理财的收益波动较小，风险较小，实际收益率大都能够与预期收益率持平。另外，银行理财产品具有较高的流动性，一般除封闭式的理财产品外，绝大多数的开放式理财产品都能够实现"T+1"（当日赎回、次日到账）或"T+0"（当日赎回、实时到账）的操作。所以，追求稳定收益和资金流动性的投资者就很适合投资银行理财产品。

当然，凡事有利也有弊。银行理财产品也并不是完美无缺的，如它具有一定的投资门槛，大多数产品都将这个门槛定为 5 万元，这就拦住了一部分投资者。不过对于拥有一大笔年终奖的投资者来说，这并不是一个不可逾越的障碍。所以，那些领取了数额不菲的年终奖，又没有确定用途的人，完全可以选择中短期银行理财产品，这比活期存款的利息更高。

相关链接

任何理财产品在发行时都会规定一个期限，银行理财产品当然也不会例外。相对于其他理财产品来说，银行理财产品除了外资银行推出的5～6年期的产品外，其他的大都期限比较短。这样的一个好处是，投资者能够充分根据自身资金的充裕情况和投资期内可能的流动性需求，对理财计划做出合理的安排。

那么，在投资银行短期理财产品时，需要注意哪些内容，掌握哪些技巧呢？

1. 选择最适合自己的产品。银行短期理财产品投资期限短，一般为3～6个月，方便投资者灵活地安排资金，流动性也比中长期理财产品要高。而且，短期银行理财产品的收益率要高于同期限的银行储蓄，收益也比较可观。因此，这种类型的银行理财产品就非常适合那些不知道拿着年终奖做什么的投资者。

2. 注意鉴别产品风险。银行理财产品按本金与收益类型分类，大致可分为固定收益型、保本浮动型、非保本浮动型三类。这三类产品的潜在收益和风险是依次递增的。面对银行推出的各类短期理财产品，投资者除了关注收益率外，还要对本金的安全性、是否可以提前赎回等问题进行详细了解和把握。如果只注重预期年化收益率和产品期限，无视不同产品的风险差距及提前赎回的相关细节问题，就可能会给自己的投资理财造成不便或带来不必要的损失。

3. 合理安排投资日期。银行理财产品的发行期和回款期之间常常会有一个闲置期，投资者在购买短期理财产品时尤其要注意。产品的发行期其实就是募集期，是指从开始吸收投资者投资到结束的这一段时间。一般来说，理财产品的募集期短的有三五天，长的有十来天，在这段时间里，投资者的资金处于锁定状态，按活期存款计息。相应地，银行理财产品的回款期也有长短的差异，一般短期的理财产品到期后会在 3 个工作日自动划转到账户，当然也有回款时间较长的。在回款期内，投资资金也是以活期存款计息。

因此，投资者在购买银行短期理财产品时一定要掌握理财产品的发行时间及收益到账时间，货比三家，了解清楚产品是否合算再买进。

理财提醒

从理论上来说，除一些明确规定可以提前赎回的理财产品外，一般理财产品，尤其是短期和超短期理财产品是不能提前变现的。因此，投资者在购买银行短期理财产品时一定要合理安排好资金的配置，恰当谨慎地进行投资，尽量避免需要提前赎回的情况。如果一味贪图短期理财产品的收益率和期限灵活性，过多地进行购买，那么一旦急需用钱，我们很可能就会陷入困境，变得十分被动。

兼职也能捧出“金饭碗”

张浩清是一名外企文员，2016年毕业于国内某著名大学的英文专业，已经通过了英语专业八级。两年来，张浩清的工资已由当初的每月5000元涨到9000元。虽然工资涨了，但张浩清还是觉得钱不够花。刚参加工作那会儿，他每月自己花销3000元，寄给父母1000元，再加上平时不时参加聚会，有时还要随礼，所以怎么也攒不下钱来。

可现在涨工资了，为什么还是攒不下钱呢？原来，张浩清现在交了女朋友，开销难免增加，而且他的房租也涨价了，包括房租在内，张浩清每月支出已达7000元。他还要坚持孝敬父母1000元，再算上意外开销，这么算下来，还真是攒不下钱。这下他开始着急了，作为一个男人，将来还要担负养家糊口的重任，总是攒不下钱可不行。

在这种情况下，张浩清开始考虑兼职的问题了。他们公司是周一到周五上班，周六、周日两天休息，再加上平时晚上的时间，做一份兼职还是可行的。问题是该做哪一方面的工作呢？张浩清在兼职网站上查了查信息，认为还是应该从自己的专业出发，寻找专业对口的兼职工作。

张浩清在网上看到有不少英文翻译方面的工作，不过，他也注意到了一个问题，就是有些提供兼职工作的公司没有什么名气，不知道是否稳妥，而且不同的公司提供的兼职待遇也有差别。所以，张浩清没有贸然提交申请，而是先找了一个经常从事兼职的朋友了解信息。没想到他一联系这位朋友，对方就惊喜地说手头正好有一些需要翻译的稿件，问他愿不愿意帮忙。张浩清欣然同意。他拿到稿件后，用了 4 个晚上就翻译完了。朋友对他的工作质量和工作速度大加赞赏，给了他 1000 元酬劳，这让他非常高兴。

此后，朋友又给张浩清介绍了几份兼职，张浩清都顺利完成了，也赚到了不少外快，大大地弥补了他的资金缺口。有一次，朋友还将他介绍给了一家文化公司，那家文化公司要承办一个国际论坛，张浩清正好可以承担一些与翻译有关的工作。

这可是个重要任务，张浩清不敢马虎，抓紧时间和公司接洽。公司负责人告诉他，他要负责的工作主要有三部分，一是邀请函的翻译，二是接听与会者打来的国际电话，三是接待到会的外宾。只要张浩清能够顺利完成任务，就能拿到 1 万元酬劳。

张浩清非常认真地对待这份兼职，最终完成得非常出色。文化公司的负责人对他非常欣赏，又邀请他担任整个论坛的同声传译。张浩清不仅因此提高了自己的工作能力，还顺带提高了自己的兼职收入。

由于他在这次活动中表现良好，张浩清开始和这家文化公司保持长久合作关系，一年到头也能有几次大的兼职给他去磨炼自己的真功夫。除为这家公司提供服务外，张浩清还接了其他的翻译工作，他的实力也得到了更多人的认可。就这样，一年下来，通过这些额外的兼职工作，张浩清竟然有了 15 万元的存款。

兼职赚的钱比本职工作还多，这在过去是张浩清不敢想象的。尽管如此，张浩清并没有辞掉工作，因为他知道有时候客户反倒更愿意相信他的公司背景，觉得有一份正当职业的人，更有信用和保证，而且他也想为自己留一份保障。所以，他一边做着轻松的本职工作，一边潇洒地做着兼职，自我感觉非常不错，不仅生活水平提高了，手中可以用来理财的资金也越来越多。

案例点评

很多上班族常常会为自己只领着一份固定不变的薪水而感到不满足，他们期待能找到更多的“钱途”，而兼职就是一个不错的选择，既能发挥所长，又能减少空闲时间的浪费，还能帮自己获得更多的收入，可谓一举多得。

不过选择兼职也不能随意，最好是像张浩清这样先认真了解信息，再慎重选择最适合自己的兼职。比如，张浩清选择做英语翻译，就是因为他有英语特长，而同样有英语特长的海归人士、英语专业精英、大学英语教师等就比较适合此道。

另外，为了规避风险，找兼职最初还是请朋友介绍业务比较妥当。否则不小心找到了不正规的公司，就可能会付出了辛辛苦苦的劳动却拿不到应有的报酬。此外，如果是与不熟悉的公司合作，最好事先签订合同，特别是商议好一个双方都能接受的付款方式，这样就能减少很多后顾之忧了。

相关链接

在寻找兼职时，我们如何根据自己的能力，找到适合自己的工作呢?恐怕你在找兼职前，不得不先考虑以下几个问题。

1. 你学会了什么？在学生时代，你从专业学习中有哪些收获？在工作中，你提升了哪些方面的能力？这些问题你都要问问自己。有时候，你所学的专业是你选择兼职方向的一个重要前提。同时，在本职工作中，你也要注意学习、善于学习，同时要善于归纳、总结，把单纯的知识真正内化为自己的智慧，这样寻找兼职工作就会更加得心应手了。

2. 你曾经做过什么？你是否在学习和工作中取得过成就，积累过经验？你应该有针对性地尽量选择与曾经工作经历相一致的兼职，这样你的简历才会从众多简历中“跳”出来，吸引用人单位的注意，获得他们的认可，从而找到更适合自己的兼职。

3. 你最成功的是什么？在你学习和工作生涯中，你所做过的自己认为最成功的事是什么？你是如何成功的？通过这些分析，你可以发现自己的长处，在选择兼职时就会更有自信，目标更明确。

理财提醒

打算从事兼职工作的话，你还得合理配置自己的时间。一方面，你不能让兼职影响到自己的本职工作，更不能够随意违反公司规定，动辄请假、旷工去兼职；另一方面，你得注意别让兼职影响到你正常的休息和娱乐，因为人的精力是有限的，任何人都需要定时的休息，如果你为了兼职让自己得不到一点放松的机会，那么不仅会引起健康问题，还会影响工作的质量，使你难以获得应有的回报。

自己攒钱去留学——职业投资

在知识经济盛行的今天，文凭往往决定着你的起点高低，越来越多的职场中人选择继续充电，以获取一个更高的学历，从而谋求一份更理想的工作。因此，“职业投资”这个词在当今的职场中广为流传。

刘慧贤2015年毕业于武汉大学新闻系，由于在工作上想要取得更大的发展，她萌生了出国进修的念头。自从有这个想法后，她便盘算着要怎么去筹措这笔费用。由于不想向父母及银行借钱，刘慧贤选择避开学费及生活费高昂的名校，到普通的学校去进修硕士。尽管如此，出国留学仍然需要一笔不菲的开支。刘慧贤想要去的那所学校，一年光是学费就要3.5万英镑，相当于30多万元人民币，这还不包括在当地的生活费等。她在电视台的月薪是8000元，想要实现留学梦，就需要每月存下一半甚至三分之二的月薪。为此，刘慧贤在衣食住行等方面都很注意节省开销。

在吃饭方面，她每个月的餐费控制在100元到200元之间，有时候甚至一天只花5元。有一回她跟几个同事到快餐店吃饭，一翻开菜单发现价钱都超过20元，她竟然坐在餐厅里陪同事吃完饭后，再到附近买面包吃。此外，刘慧贤从不喝饮料，只喝白开水，她认为一瓶饮料虽然不贵，但日积月累也是一笔不容小觑的费用。

刘慧贤身边的许多同事总是追求名牌服装，但她却总是一身朴素的装扮。她认为只要衣着整洁得体就好，尽量不要买需要送洗的衣服，跟出国进修的梦想相比，是不是名牌一点也不重要。另外，她几乎不坐出租车，都以公交车代步，没有公交车就骑自行车。每天下班后，她都步行 15 分钟到补习班上英文课。

凭着节流的方式，加上以前的积蓄，刘慧贤终于凑够了出国的费用，可以前往英国完成她的梦想了。到了英国后，为了省生活费，她继续采用节流的方式，每天走半小时，只为了到比较便宜的传统市场买东西。有一次，她走着走着天上下起了大雨，抱着一堆食物的她顿时被淋成了落汤鸡。不过她并没有因此而悲观沮丧，而是用一句话鼓励着自己——“梅花香自苦寒来”。

现在，所有的辛苦都化为了甜美的果实，刘慧贤不到 3 年的时间就取得了传媒经济硕士学位。充电后的她回国重返职场，眼界更加开阔，处理工作事务也更加得心应手。出国留学虽然艰苦，但她从未因自己当初的选择后悔过，反而觉得职业投资非常有必要。如果有机会，她还是想要出国学习，继续通过知识的积累提升自己的职场竞争力。

案例点评

当前，职场竞争十分激烈，在职场上努力拼杀的人们心中不敢有一丝懈怠。因此，很多职场中人选择了用自我投资的方式来为自己充电，以此增强自己的职场竞争力。

然而，充电也不是一件容易的事情，工作压力的增大及繁杂的家庭事务的拖累，使得人们充电更加艰难。尽管如此，我们仍然不能过于放松和懈怠。事实上，在不断为自己充电的人中，越是学历高、能力强的人，继续充电的意识就越强，而他们在职场中的表现也就越突出。这也提醒了我们，在职业中，要想获得更高的回报，继续学习是很重要的。自己攒钱去留学的刘慧贤无疑为我们做出了一个很好的榜样，哪怕手头可供充电的资金不够，她也要通过精打细算的节流，从有限的收入中攒出充电的费用，她的这种精神值得每一位职场中人学习。

相关链接

充电是大多数职场中人的追求，但是，也有不少人虽然流了不少汗，费了不少劲，最终的效果并不理想。究其原因，就是由于没有认真准备，掉进了充电的误区。所以，在充电之前一定要认真准备，最好找有经验的人咨询一下。具体来看，职场充电一般应注意以下四点。

1. 不要盲目考证。不同的证书代表了培训机构、用人单位和考证者对市场不同的理解。大家应该在详细了解该证书适合的人群、面向的市场领域和含金量之后，再去选择那些适合自己的考试，切记不要盲目考证。

2. 不要迷失方向。你要做的第一件事是确定充电的方向，必须与自己的职业目标相契合。因为充电的最终目的还是为未来的职业发展做准备。因此，你需要明确的是现在进行的各种进修对于你在职场发展的帮助程度究竟如何，关于这一点，必须有一个大的前提，即你对未来的职业规划是怎样的，这个规划的可实施性究竟有多强。只有这个方向确定了，才能够有针对性地进行相应的培训。

3. 不要选择与职业发展无关的充电科目。需要注意，充电的内容必须与工作本身的需求相契合。只有将职位需求与培训科目完美结合，才能把更多的精力和财力用到刀刃上。所有职业都有特定的专业需求或技能要求，要根据自己所从事行业的背景、现状、发展方向等，结合自己目前职业的需要进行学习。只有这样，才能够真正做到所学为所用。

4. 不要忘了学以致用。这是进行任何进修时都必须坚持的原则。学以致用的前提是，你必须针对自己的性格特征、兴趣方向、职业背景、市场需求等进行综合的评判和分析，明确自己的职业发展目标，制定自己的生涯规划（包括学习规划），只有这样的充电，才能为你的职业发展助力。

理财提醒

不要把一次充电当成一劳永逸的借口。不少人认为在获取认证资格证书后，就可以躺在证书上吃老本了，这种认识是非常错误的。现代社会中，许多技术发展更新得非常快，如果不继续努力，很快就会落后于时代。所以，你还得制订持续充电的计划，使自己的知识能够及时更新换代，更符合实际工作的需要。当然，这也意味着你需要追加更多的学习投资。为此，你需要合理地规划你所能支配的资金，如果资金不足的话，可以考虑像刘慧贤这样慢慢积攒，同时为自己制订性价比最高的充电计划，让自己能够在充电中获得提高。

第五章

保险理财

说到投资理财，人们大多想到的都是储蓄、银行理财、买基金、炒股等，却往往忽略了保险理财这一重要的方式。事实上，保险的存在是十分重要的，一份投保得当的保险，不仅能使资产获得理想的保值增值效果，给自己带来实惠，还能避免因疾病或灾难带来的财物损失，为家人省去很多麻烦。因此可以说，保险是我们在理财时需要考虑的一个重要方面。

养儿防老不如保险养老

在某外企工作的关先生2018年满30岁，是公司的部门经理，现在，他的事业已经进入稳步发展的时期，经济状况日渐提升。妻子是全职太太，2017年就辞去了工作，专心料理家务。他们的宝贝儿子2018年出生，不算孩子的开销，关先生与妻子每年的花费大概是5万元，随着生活品质的提高，今后肯定还有上涨的空间。

关先生计划60岁退休，希望退休后能够充分享受退休时光。他认为，社保、退休工资等虽然可解决一部分养老费用，但大部分养老费用仍是要自己负担的。因此，仔细筹划一笔养老费用，并要尽可能规避通货膨胀的影响是非常重要的。

想到这里，关先生看了看自己的宝贝儿子，再过30年，也就是自己退休的时候，儿子就30岁了，也是一个成家立业的年龄，现在又有几个家长愿意从孩子的手中要钱呢？真是“不养儿不知父母恩”啊，对于自己的宝贝儿子，关先生唯一的期望就是看到他过得衣食无忧、快快乐乐，再想想自己生活在外地的父母，关先生不禁一阵心酸。每次回老家给父母钱，他们都不肯要，说自己过了一辈子勤俭节约的生活，已经习惯了。这不禁让关先生想到了30年后的自己。不过老家的消费水平偏低，父母的退休金基本能够维持正常的生活，但自己在大城市里生活，消费水平高，不考虑一下今后的养老费用还真不行。

看着周围的同事都在买保险，关先生也认为，购买养老保险不失为一种好的解决办法。他选择了一款养老保险套餐，年缴保费 13000 多元，缴费期 15 年，累计缴费 20 万元。这样，关先生即可从 60 岁开始，每年领取 25000 多元，保证领取 20 年到 80 岁，累计领取 50 万元，比投入的 20 万元的 2 倍还多，也就是说，购买保险产生了抵御通货膨胀的效果。同时在退休前人生关键时期还有重疾、身故双重保障并且享受分红、保费豁免等权益。而这么多的保障，平均到每月只需要 1000 多元人民币。

现在，可能是因为工作压力太大，关先生注意到周围同事会突然莫名其妙就生病进了医院，因此他也经常建议身边的同事和朋友提早为自己的养老费用做打算。可见，他对保险是非常认可的。在发达国家，为自己购买养老保险已经是再普通不过的事情了。而在我国，很多人却非常缺乏这个观念。

前不久，关先生也给自己的父母和岳父、岳母购买了保险，他认为，老年人属于社会的弱势群体，自身患病的可能性比其他群体大，因此购买保险也是十分必要的。另外，他也想通过这种方式表达自己对老人的一片孝心。所以，关先生特意选择了一款专为 50 ~ 80 岁人士设计的终身寿险，给四位老人的晚年生活加了一层保障。

案例点评

相信“养儿防老”这句话大家都听过，作为中华民族的传统，这句话流传了很久。但是时代在发展，很多生活方式在悄然改变，为了让每个人的晚年生活更有保障、更有质量，养儿防老应转为保险养老。

保险养老具有诸多方面的优势，如它的首要功能在于保障，包括人身安全、健康、财产保障等多个方面。购买保险后，投资者能够有效规避这些方面的风险。正因如此，保险本身就具有理财的功能。毕竟，保险在一定程度上减小了意外状况发生后当事人的资金投入成本。而且，越是经济状况差和风险承受能力弱的人就越是需要购买保险。比如，医疗保险和重大疾病保险可以让投保人做到有病敢医，极大地缓解了家庭经济的负担。

显然，保险理财是花手头上的小钱来有效规避未来可能的风险。如果我们把投资理财看成建造人生财富金字塔的过程，那么保险就是建造财富金字塔基石最关键的一步。假使没有合理的保障作为后盾，一旦遇到了意外事故或是重大疾病，那么我们就将面临极大的财富风险，财富金字塔也很可能在一瞬间轰然倒塌，所以我们应当尽早地建立起这块坚强的基石，才能让我们的理财体系更加健康全面，也才能够让我们老有所依。

相关链接

养老保险是社会保障制度的重要组成部分，是社会保险五大险种中最重要的险种之一。所谓养老保险（或养老保险制度）是国家和社会根据一定的法律法规，为解决劳动者在达到国家规定的解除劳动义务的劳动年龄界限，或因年老丧失劳动能力退出劳动岗位后的基本生活问题而建立的一种社会保险制度。这一概念主要包含以下三层含义。

1. 养老保险是在法定范围内的老年人完全或基本退出社会劳动生活后才自动发生作用的。这里所说的“完全”，是以劳动者与生产资料的脱离为特征的；所谓“基本”，指的是参加生产活动已不成为主要社会生活内容。需强调说明的是，法定的年龄界限（各国有不同的标准）才是切实可行的衡量标准。

2. 养老保险的目的是保障老年人的基本生活需求，为其提供稳定可靠的生活来源。

3. 养老保险是以社会保险为手段来达到保障目的的，是世界各国较普遍实行的一种社会保障制度。一般具有以下几个特点：由国家立法，强制实行，企业单位和个人都必须参加，符合养老条件的人，可向社会保险部门领取养老金；养老保险费用来源，一般由国家、单位和个人三方或单位和个人双方共同负担，并实现广泛的社会互济；养老保险具有社会性，影响很大，享受人多且时间较长，费用支出庞大，因此，必须设置专门机构，实行专业化、社会化的统一规划和管理。

理财提醒

投保人在投保时要格外留意两个时限：保险期间及保证领取年限。目前市场上的养老年金险在领取时间限制上通常有两种。一种是保险期间为终身，但没有最低领取年限保证，被保险人活得越长这一险种越划算。另一种保险期间可能是定期的，即设定了一个保证领取年限，如 10 年或 20 年。例如，所列条款表明该产品保证领取期限为 10 年，若保户领取养老金未满 10 年身故，其受益人可继续领取固定年金直至满 10 年。

养老计划：从“奔三”开始

何小姐今年29岁，2016年结的婚，丈夫比她大2岁，他们贷款买了房。经过几年来的打拼，如今她的事业已小有成就。前几天，有保险公司的业务员向她推销养老保险，她想，自己还不到30岁，正是精力充沛，事业迈向高峰的时期，怎么就开始规划起退休后的生活呢？于是，那位业务员说些什么她也没在意。

可后来发生的一件事，改变了何小姐的想法。那是业务员向她推销保险没几天的时间，何小姐公司里与其关系不错的一位老员工生病住院，于是几个平时要好的同事一同前往医院看望。到了医院，那位老同事就跟他们讲真后悔当初没有买份保险，退休后生活水平直线下降，现在有了病，连中档病房都住不起，只能住在七人间的普通病室，生活状况大不如前。老同事语重心长地劝诫他们，没有买养老保险的人还是趁早买一份，不要等到退休后再后悔。

回家后，何小姐想想自己现在收入虽然不错，但是花销也大，而且近一两年又准备要孩子，随着孩子的出生，到时花费还不与日俱增？这么下去的话，恐怕退休后就真的不能像现在这么“潇洒”了。何小姐还在电视上看了一则新闻调查，调查显示，大多数中国被访者，包括在职人员和退休人员，都受益于国家的医疗保险体系，特别是上海、北京等城市的居民。在这几个地区，有一半的在职人员拥有个人的商业保险，特别是年青一代和富裕人群。

看来，大部分在职人士已经充分认识到财富收入对未来退休生活的重要性，认为退休收入不够用，会使生活水平降低。何小姐也开始着急了，第二天一上班，就和同事们讨论起养老保险了，她对那些已经购买了养老保险的同事简直是佩服至极，还不停地向人家询问购买什么险种比较合适。

通过多方比较咨询，何小姐选择了一款保险，投保后每年缴费3万元，缴费期限15年，总计费用45万元。从55岁开始，何小姐每年可领取4.4万多元，可以一直领取到105岁。如果在55周岁时选择提前满期，则可以领取保险金82万余元，那她就不必再为自己的晚年生活担忧了。

何小姐对这款保险非常满意。她还给自己的丈夫买了一款养老保险。现在，她经常憧憬两个人晚年的幸福生活，等到两人都退休后，每月的主要开销以及“享乐费用”，都不用发愁了。

案例点评

也许你现在是一个收入很高的白领，过着衣食无忧的生活，但你想过没有，当一生中的黄金岁月过去，步入夕阳般的老年时，是否还能保持原来的生活水平，安享幸福生活。恐怕没人想过，将来退休后，自己能领多少退休金，这些退休金够不够花。这其实是一个很严肃的问题，如果在人生的巅峰期不为自己的晚年生活考虑，这样的人生是不安全的。

30岁的人，如果至今仍没有为自己的退休计划作打算，这就相当危险了。虽然现在大多数城镇居民都已纳入社会保障体系，可以在退休后领取退休金，但对于追求高质量生活的现代年轻人来说，到老年时仍然想保持高质量的生活状态，光靠现有的社保体系无法实现这样的目标。

随着现代人的平均寿命延长，退休后的生活保障在迈向人口老龄化的今天就显得格外重要，所以，如何在青年、中年时期为自己安排好老年生活是关系到未来保障的一件大事。按一般人 60 岁退休计算，退休后有较长一段时间收入是减少的，因此应该像何小姐那样，在青年期为自己积累一笔足以支付老年生活的基金。

此外，养老保险虽然从短期看收益并不大，但它有强制储蓄的作用，长期来看其收益就会体现。特别是许多养老保险都有便宜的附加险，可以为个人提供意外事故、医疗等的保障。现在，大部分险种一般根据投保人年龄的增长而增加保费，虽然有些养老保险产品允许的投保年龄可能超过 50 周岁，但投保时年龄越大，需缴付的保险费也越高。因此，在谋划投资养老保险的时候，还是应该尽量及早考虑。

相关链接

我们在购买保险的时候，一定要特别仔细，选择适合自己的保险类型、缴费方式等。缴费方式很有讲究，我们可以根据自己不同的情况灵活选择。

1. 对于家庭经济比较殷实而又想将一部分资金投入保险的人群，可以选择一次性缴清。其优点在于手续简单，缺点在于所需资金量较大。

2. 对于家庭经济不太宽裕的，却又希望得到保障的人群，可以选择年缴方式。即每年缴纳一次保费，直到保险金给付责任开始的前一年。这种缴费方式跨越时间长，每年所缴保费金额少，便于作长期投资计划，不便之处在于需多次缴费，容易因各种因素导致续缴中断，保单失效。

3. 对于家庭经济比较富裕的人群，不妨采用限期年缴的方式。优点在于投保人可根据自己的经济承受能力，依据今后家庭收入持续情况而决定缴费年限以及比较合理的保险条款。限期年缴一般有 5 年、10 年、15 年、20 年不等。收费方式可以是业务员上门收取，也可以通过银行授权投保人账户进行自动转账。

理财提醒

一般可以将自己可支配收入的10%～20%用于购买商业保险。现阶段，购买保险主要考虑的不是回报，而是保障，而“医疗险＋意外险＋定期寿险”的组合能够满足大多数人低成本、高保障的保险需求。

买保险——不选贵的，只选对的

林海夫妇是典型的“丁克家族”，没有子女。林先生在一家外资公司任技术总监，林太太在某集团任会计，两人平时比较注重生活品质，喜欢旅游，并计划 50 岁退休，周游全世界。随着年龄的增长，林海夫妇的家庭财富有了一定的积累，但他们也越来越意识到，对于自己这种“丁克家族”来说，退休后养老费用完全要自理，所以，为了两人退休后的旅游计划能够顺利实施，林海考虑为自己和太太购买养老保险。

在林海的脑海里一直有一个观念，他认为买保险越贵越好，就跟买衣服一样，牌子货就结实耐穿，越贵的保险受益就越多，来到保险公司，林海也不听业务员的介绍，专挑保费高的险种，挑来挑去，终于看中一个保费 117 万的保险组合套餐。把宣传资料拿回家让老婆过目，还说要准备一人买一份。开始时，林太太没什么意见，既然是看中的，那就买吧。可当她仔细阅读了宣传资料后发现，这款保险套餐好像并不适合他们这样的“丁克家族”。因为在 117 万保费中，有相当一部分是有利于子女受益的，而两人没有子女，岂不是白花冤枉钱。这下林海恍然大悟，原来这买保险可不是越贵越好。

第二天，林海又来到保险公司，把自己的家庭状况跟业务员详细地介绍了一番，业务员帮他及林太太量身打造了两款组合保险，这两款组合保险中，最长的交费期为 30 年，最短的交费期为 20 年，还有每年交保费的项目。这样，在投保的前 20 年，林先生只需每月交保费 1499 元，林太太每月交保费944元，投保期30年的项目再继续单交10年，每月只需交保费57元。

业务员向林海夫妇推荐的这两份保险计划，既包括了储蓄及退休保险，又加强了养老年金保险、看护、重大疾病规划，对于像林海这样的“丁克家族”来说，不仅可以达到夫妻互保的目的，并且夫妻退休后的医疗和养老费用，也可以多一层保障。这次林海把要购买的投保资料拿回家让老婆过目，林太太看后十分满意，但她问了一句话，提醒了林先生。她说：“为什么非要在这一家保险公司买这么多险种啊？”

林先生一想，也是，现在大大小小的保险公司这么多，每家都有每家的特点，每家又都有每家的主打险种，何不根据自己的需要货比三家，分散一下投保公司呢？接下来就是漫长的比较期了，林先生咨询了不少保险公司，最终敲定了两家投保，一家是因为养老保险做得很有特色，另一家是以意外伤害及重大疾病险种为主打产品。这么算下来，林海所购买的保险交费期限和付费方式都没有变，但每月夫妻两人可少交保费共计300元，而保险受益却比先前多了不少。

这回总算是把夫妇俩的保险问题搞定了，林先生把保险合同拿回家给老婆过目，林太太满意极了。有了这次买保险的经历，林海算是又学会了一招。原来，买保险可跟买其他的东西不一样，并不是越贵越好，还是要货比三家，最适合自己的才是最好的。

案例点评

婚后，人生将经历一个重大转变，也是保险需求升高的第一阶段。身负家庭重担者应该考虑到整个家庭的风险，包括万一身故或失去工作能力时，如何保障家属的生活，所以这一时期的保障原则应该是选择保障性高的终身寿险、可附加定期寿险、意外险、重大疾病险、附加健康险等。但长期以来，由于保险产品尤其是保险条款设计较为复杂，专业性强，很多人在选购时显得力不从心，甚至是毫无头绪。虽然市场上已经有一些公司推出了各种保险计划，但每个代理人都吹嘘自己公司的套餐好，使得客户难以辨别好坏。

而这时，就需要我们自己考虑投保价值最大化的问题，应该有选择性地投保。做好综合保障规划是我们首要关注的问题。每一个险种都有各自的优缺点，单一险种不可能满足一个人的所有需求，所以让专业的业务员为我们设计综合保障规划很有必要，即使我们暂时因为各种原因不能给自己提供全面的保障，也需要知晓，我们已经有了哪些保险，而在人生的路途上，还需要哪些保障，就可以在条件许可的情况下及时补充。而这就需要我们货比三家，择优选购了。

有些人可能觉得在不同的公司买保险会很麻烦，但若能通过“麻烦”获得较好的保障，也不失为一种好办法。事实上，现在保险产品的差异化程度已经慢慢加大，不可能说某家公司的所有产品都是同类产品中最好的，也不大可能出现一家公司所有的产品都没有竞争优势。不同领域的“王牌产品”，正是零散地分布在不同公司里。尤其是随着专业健康险公司的成立，以及财险公司纷纷开卖意外险和短期医疗险，市场的竞争日趋白热化，也为我们提供了更多选择的空间。因此，在选择适合自己的保险计划时，可以多了解一下不同公司都有哪些优势产品，然后利用主险和附加险的搭配规则，进行充分组合。

相关链接

事实上，购买保险就是一种投资。今天所交保费可以看作投资成本，未来的保险收益则是投资回报，很显然，由于保险公司及其各险种的运作机制不同，给予客户的投资回报率自然也就各不相同，所以我们在选择时需要非常谨慎。为了选准适合自己的险种，在投保之前应注意以下几个原则。

1. 量身定制。了解本身需求，要有针对性。保险的目的主要有：生命保障、收入保障、养老保障、伤残保障、疾病医疗费用保障等。在确定了相应的需求后即可选择相适应的保险种类。

2. 量力而行。根据自己的经济收入状况，确定适当的保险额数。一般来讲，寿险的保险金额确定为一个人年收入的 3 倍左右，重疾险保险金额确定为一个人年收入的 5 ～ 10 倍，而意外险的保额一般确定为一个人年收入的 10 倍左右。

3. 选择组合式保险计划，通过多个险种的搭配，达到最佳保障效果。所谓组合式保险计划，就是将含有寿险、意外保险、健康保险保障利益的多个保险险种以一个保险计划的形式出现，这样既可以使保户获得较周全的保险，也可以节省一定的保险费用。

4. 选择优秀的保险代理人和保险公司，确保周全的售后服务。在购买保险前，首先要了解各公司所提供的保险品种和保险价格，结合自身情况做出比较。然后应从以下 5 个问题对公司做出评估：该公司的偿付能力如何？合同条款怎样？理赔情况怎样？有没有足够的承保能力？所提供的服务怎样？只有这些问题都能得到满意的答复，才能放心地购买。

理财提醒

保险是一种复杂的商品，具有独特性和长期性，它不像其他产品看得见摸得着。因此买保险时，投保人要多考虑保险需求，不要考虑人情。千万不要在还没搞清楚条款时就接受了业务员的劝说，草率签单，这样难免为以后出现不必要的争端埋下隐患。

保险套餐——伴您漫步人生春夏秋冬

胡康是外资公司的采购经理，年薪 15 万元，他的妻子徐丽 30 岁，是一家公司的职员，年薪 6 万元，夫妻俩有一个可爱的女儿，今年 3 岁。胡康早就想给自己、妻子和宝贝女儿各自购买一份保险套餐，但一直也没碰上合适的，这件事就耽搁了下来。但买保险的事一直放在胡康的心里，他总觉得买了保险过得才踏实，于是一直以来，都在关注各种新的险种。近期，胡康听说有些保险公司推出了新险种，他准备去看一看。

由于现代人越来越关注健康，所以有些保险公司推出了重疾险的新产品。胡康通过了解得知，现在市场上的重大疾病保险根据保费是否返还来划分，可以分为消费型和返还型两类。有一家保险公司近期推出的一个重疾险种有 40 种重疾保障，而且保费低廉；而另一家保险公司推出的终身医疗险还可以有病治病，无病还钱；还有一家保险公司推出的住院医疗保险从保单生效日就保证续保。胡康作为一家之主，而且年薪 15 万元，按照重疾险保险金额为个人年收入的 5 ~ 10 倍的常规，他的保额大致为 75 万至 150 万元。所以他按照这个保额为自己选择了一款性价比较高的套餐为自己投了保。

接下来就要设计妻子徐丽的保险套餐了。通过了解胡康得知，有家保险公司推出了一款专门适用于已婚女性的意外医疗综合保险，它的价格只有通常意外保险的一半，还附送意外医疗保障；还有一家公司推出的一款定期寿险被普遍认为是性价比较高的寿险，再结合自己的保险套餐，胡康为妻子选择的投保产品跟自己差不多，只是保障额度有所区别，这和年收入是成正比的。

最后就要考虑为自己的女儿买一套保险套餐了。经过推荐，胡康为自己的女儿购买了一份灵活理财万能险，这款产品充分体现了灵活性，保障额度可适时调整，教育、婚嫁金也可随时支取，且产品的收益性不错。小孩子很调皮，磕磕碰碰的意外需要门诊报销，选择其附加的少儿意外医疗可解除后顾之忧。

就这样，胡康为自己、妻子徐丽和他们可爱的女儿各买了一份保险套餐，组合成了家庭保障的一份大餐。现在，胡康夫妇通过每年30000元左右的保费支出，达到了保障家庭财务安全、家人医疗费用充足、并为女儿储备了教育金的目的，他心里的一块石头也落了地。他还带着高兴的心情向要购买保险的朋友介绍了自己买的保险套餐，建议像他们这样的家庭，购买保险套餐要比购买单一险种性价比高，而且省却了购买不同险种的麻烦。

前几天，胡康听说他所购买的保险套餐被圈内人士评价为是性价比较高的套餐，他的心里别提有多高兴了，他对妻子说："我要用这三份保险套餐祝我们生活幸福，陪你走过每一个春夏秋冬。"

案例点评

针对低收入或者是刚刚组建的家庭，很多保险公司都增加了寿险保障，体现了对家庭成员的保护责任。这类家庭在选择经济型套餐时，一般可采用价格低廉的定期寿险形式，然后附加意外和普通医疗保险；在选择小康型的套餐中，通常可为男性选用一个重大疾病的两全保险，为女性选择消费型的重大疾病保险、消费型的医疗保险和综合意外伤害保险；在选择全面型的套餐时，可为男性选择终身寿险，最好是附加了全面的意外和医疗保障计划，可为女性选择分红型养老险、定期寿险和健康医疗保障。

一个中等收入家庭的风险主要来自意外伤害和疾病，胡康夫妇就是一个典型的中等收入家庭，这种家庭收入稳定，因此，可选择有意外伤害险、医疗险和定期寿险等“低保费高保障”的保险套餐。现在有很多保险公司都为中等收入家庭设计了经济型套餐，主要针对的是人们最迫切的意外伤害保障需求。还有小康型套餐，在意外伤害保险的基础上附加了重大疾病保险和住院补贴保险。若要更为全面的保障，则还可以像全面型套餐中体现的那样，加上定期寿险，女性朋友还可以选择女性专用的医疗保险。

对于一个高收入家庭而言，应该首先考虑投保保障性高的终身寿险、定期寿险，并附以一定的医疗险、意外险。同时也应尽早考虑到未来的养老计划，对自己的晚年生活早做规划。另外，如果经济允许的话，还可考虑选择投资分红类险种作为家庭长期理财计划的一部分。

诚然，一款优秀的保险套餐离不开保险产品的支撑，如何让保单的性价比最高，是每一个消费者都追求的目标。面对各家保险公司推出的数百款不同险种，投保人应该擦亮眼睛，选准套餐。

相关链接

目前，有很多人选择购买保险套餐，几乎很少有人去一个险种一个险种的购买，如何选择好适合自己及家庭的保险套餐呢？以下三个选择保险套餐的原则，或许对您有帮助。

1. 收入不高多选消费型保险套餐。我们常说年交保费占个人或家庭收入的 10% ~ 15% 为宜，但这只是通用的标准而已，对于收入中等偏下的群体来说，保费支出应该再降低一些，最好能控制在 7% ~ 8%。节约保费最好的办法就是多买纯保障型产品。虽然这样的产品是消费型的（无返本），但却能将保费的效用最大化。

2. 保险套餐也要“与时俱进”。很多人在面对保险公司的推销时，常常会说“自己以前已经买过保险了，所以不需要再买了”。殊不知，把10年前买的保单拿出来看一看就会发现，原来保障额度只有几万元，比自己现在一年的收入都少很多。当年买的保险只能对当时的状况起到保障作用，但随着经济、身份的变化，所肩负的责任也会大大增加，原来的保障当然也就不够了。如同买房买车，很多人收入提高以后，会买更大的房子、更好的车，但也别忘了买上更高额的保险，这些是配套的。

3. 保障需求分清缓急次序。自己做保险套餐时，千万注意不要急着给孩子买保险。要在夫妻都拥有足够的保障后再适当考虑孩子。在险种规划上，应优先考虑生命保障和重大疾病保障，规避因早逝、残疾、重病所带来的巨大经济风险。然后考虑一些住院和意外保障，补充社保中不足的部分，规避因住院或意外导致医疗费用带来的经济压力。最后可以适当考虑一些养老保障，规避未来可能面对的养老金不足的风险。

理财提醒

在保险规划中，家庭保险套餐首重主要收入者的保障，因为一旦主要收入者收入中断，全家的经济马上出问题。如果终身型险种超预算，可通过适当的定期险及意外险来提高保障；其次才考虑小孩的医疗问题，最后才是教育金问题。

教你计算保险回报率

吕进今年25岁，刚刚工作一年，月薪4000元，吃住都跟父母在一起。银行账户有不到3万元的存款，因为近两年不会考虑结婚，也没有什么大项支出，因此吕进在父母的建议下决定给自己买一份养老保险。他为自己购买的这份养老保险是20年期缴费的，年缴保费10000余元，按期缴费满5年，每年就可领取6045元的年金，直至终身。到80岁时退保，又可返还现金153982元，累计价值为462282元。吕进算了算账，觉得这份保险对自己的未来是一个很好的保障。

年轻人就是喜欢跟风，吕进的两个哥们儿看他买了养老保险，自己也去购买了养老保险。于是三个人就开始比较了，每个人都夸耀自己购买的养老保险比另外两个人的好，真是“公说公有理，婆说婆有理”，三个人争执不下，只好去请教了一位保险专家。专家分别询问了三个人的投保险种，然后在电脑上算了一下，结果就出来了，原来吕进购买的险种较之他那两位哥们儿有一定的优势。三个人都看傻了，这么在电脑上算几分钟，就平息了他们三个这几天的争议，到底是什么方法啊?

专家笑了，原来，通过计算保险回报率就可以比较险种的优劣了。而保险回报率的计算并不难，只要会用Microsoft Excel就可以了。专家说:“由于绝大部分保险计划的缴费期较长，短则几年，长则几十年甚至终身。如果简单地将保险计划中总的收益和支出，进行简单的加减乘除运算，得出来的回报率是不准确的，甚至是错误的。准确计算保险回报率必须考虑缴费期或保单年度的长短，必须考虑整个保险计划的现金流实际状况，因此选用内部收益率（IRR）作为衡量保险回报率的指标是非常客观的和准确的，因为IRR可以从动态的角度直接反映你投资的实际收益水平。”

听到这里，吕进和自己的两个哥们儿都开始犯晕了，什么是“IRR”啊？自己以前连听都没听说过，还说简单，对于连“IRR”这种基本概念都不懂的人还会简单吗？三个人都皱起了眉头。专家看出了他们的心思，便继续解释道：“尽管内部收益率（IRR）是一个非常专业的名词，而且计算方法也非常复杂，但是只要你们会使用Microsoft Excel，复杂的计算就会变得十分容易。”三个人点了点头。

接下来，就是专家以吕进的养老保险为例，介绍了保险回报率的计算方法：

第一步定义现金流的正与负，现金流出方向定为负，如吕进年缴保费10000元属于现金流出，则为−10000；现金流入方向定为正，如他每年领取养老金6045元。

第二步就是在Excel单元格中，严格按时间顺序，并按现金流的正负输入数值：从B1到B20输入−10000，表示每年缴付保费10000元，连续20年；从第20年到第80年，不用缴纳保费，所以现金流出为零；但是从第6年到第80年出现了收益，每年为6045元，所以B6到B80的数字还要修改，其中B6到B20修改为−3955（−10000+6045），B21到B80修改为6045。

第三步，在单元格B80插入函数IRR，其中Values选择B1：B80，Guess选0.01，然后按“确认”，即可得出吕进所购养老保险的回报率是3.2%。

原来如此，原来那个“IRR”就是这么算出来的啊，三个人相视一笑，吕进那两个哥们儿也迫不及待地算起了自己那份养老保险的“IRR”。这

么一比较，还真是吕进的养老保险的回报率稍高一些。不过掌握了这个计算方法，以后再购买保险之前，都可以先仔细算算了。

案例点评

保险公司是有经营风险的金融企业，虽然购买保险公司产品的安全系数较高，但我们在购买保险时还是要关注不同公司相近险种的差别。保险产品也是一种特殊的商品，它销售的是一种契约，一种承诺，而人寿保险又是以人的寿命和身体为保险标的，加之人寿保险产品的复杂性和长期性，因此，相对于财产保险来说，人寿保险的服务就更具挑战性，因而寿险保单的服务水平也反映了保险公司的经营水平。一般而言，保险回报率较高的保单就是服务水平较高的保单。

买保险时要考察险种的回报率，在购买分红等投资型产品时应对这家公司的经营状况做个大致的判断，如保费收入增长情况、近年来的盈利情况以及是否能为客户提供多种多样的投资理财服务。所以，我们在听业务员的介绍时，不要仅仅看宣传彩页和保险计划书，应当仔细阅读条款。在阅读条款时，特别应注意“保险责任”和“责任免除”这两部分，以明确这些保险单能为自己提供什么样的保障，再比照自己的保险需求，千万不要等发生保险事故后才发觉“买错保险了”。

我们每个人在接到保险计划书后，都可以通过以上保险专家给出的方法，自己去算一下保险的回报率，并与其他保险方案进行比较，以便选择最佳的保险方案。当然，你的保险代理人也有义务回答这些问题。

相关链接

想要得到不同公司、不同险种的保险回报率，就要比较各家公司的具体保险品种价格，而保险价格的比较又是一个比较复杂的问题，应注意以下一些事项。

1. 产品本身具有可比性。这是两个不同事物进行比较的一个最基本的原则。保险综合保障计划也是一样，不同的险种有不同的价格，如果你拿一家公司终身寿险产品的价格和另一家公司定期寿险产品的价格做比较，就很难说明问题。

2. 联系保险合同中的条款来比较。要注意比较保障范围，比较缴费方式，比较除外责任这三项内容。在阅读保险条款时，除了注意保险单上写明的保障的范围，还要仔细了解除外责任，即使是同一险种，同一价格，但除外责任的范围不同，可以说价格也就不同。还有就是一定要注意缴费方式，是一次缴清，还是分期缴，每次缴多少。

3. 考虑公司的财务状况和服务质量。财务状况良好的保险公司有足够的实力应对由于大面积灾害事故造成的众多客户索赔，而实力较弱、财务状况较差的保险公司难免此时显得犹豫推托。另外，还要衡量保险公司的商业信誉，看其在保险事故发生后能否以最快、最合理及最热情的理赔服务回报客户。

4. 了解保险公司的承保能力。实际上，只有符合一定条件的投保人才能够被保险公司接受为消费者，这个过程就是业务承保的过程。一些保险公司甚至不愿意按照他们自己规定的费率售出某种保单，其原因可能是被保险人不符合投保标准，或是这类保险业务的利润太低。

理财提醒

投保人所需的服务大致有四个方面，即确定保险需求方面的帮助，选择保险项目方面的帮助、预防损失方面的帮助和索赔方面的帮助。当我们在购买保险时，要从两个方面注意这些服务的数量和质量，一是从保险公司代理人那里所能获得的服务，需要确定保险公司对其代理人给予过什么样的培训，有些什么样的要求，将其作为选择保险公司的一个重要指标；二是来自保险公司的服务，这是至关重要的，因为保险代理人会经常变换，而保险公司却是相对稳定的，所以对于保险公司所能提供的服务要给予更多的关注。

一张保单保全家

杨光是一家证券公司的行政部经理，收入不错，妻子王丽是一名幼儿教师，收入一般。两人今年都是32岁，儿子杨阳刚满5周岁。杨光在证券公司工作，因此对理财比较在乎，他们的家庭收入水平虽然在中等偏上，但他还是很注意量入为出，每月除了还房贷以外，还投资一些理财产品。现在家庭也有了一定的积蓄，考虑到当代人的工作和健康风险都比较高，他打算给自己的三口之家买份保险，但也不想投入太多。因为杨光一直以来的理念就是保险不是投资，即使买投连险，也是要以保险为先。

为此，杨光考虑购买一款家庭综合保险，这样一张保单保全家，还免去了要分别选择险种的麻烦，而且对于自己目前的经济状况来说也比较合适。在现代城市家庭中，大多是父母加独生子女的模式，许多人关心的是为孩子买保险，似乎为孩子买了终生寿险，才算是为孩子买了一份平安。保险公司的代理人对杨光说，其实，家长是家庭财富的主要创造者，一旦他们因意外、疾病等丧失工作能力，减少或失去收入，家庭将陷入困境。因此，给家长买保险才能给孩子的学习、生活以保障，才能给家庭一份平安。

于是，杨光选择了一款综合保险计划，自己、妻子和儿子都在这个保险计划内。杨光自己可以享受生存保险金、疾病身故保障、意外身故保障、重大疾病保险金、意外伤害医疗保障和意外伤害住院保障等保险利益；妻子可以享受终身红利给付、疾病身故保障、意外身故保障、意外伤害医疗保障、意外伤害住院保障等保险利益；儿子杨阳则可以享受生存金每五年5000元和身故保障5万元的保险利益。

而这一张保障全家人的保单，每月只需支付970元的保费，对于杨光的家庭来说是完全能够承受的。而且将家庭所需要的保障功能融合到一张保单中，达到了以较少的支出获得较大保障利益的目的。

杨光的下属张弛也为自己的小家庭购买了一款家庭保险，张弛今年30岁，比起杨光来，挣的就少多了，他的妻子28岁，收入一般，但是比较稳定，女儿刚刚2岁。张弛购买的是那种“一人投保，全家得益”的附加家庭保险，也就是说，张弛一人在该保险公司购买了寿险，然后选择为妻子和女儿购买附加家庭医疗保险。如果家庭任何成员因意外或疾病住院，那就不仅可以获得相当于医疗费用80%的补偿，还可获得每个成员所选择的每日住院现金给付，当主险缴费结束后，张弛还可提出申请保留“全家保”保障利益。但是，意外险和定期寿险等还不能让主保险人以外的家庭成员购买。而对于这款附加险保费，张弛只需每年缴纳3000元。

看来，现在“一张保单保全家”的保险产品已经相当成熟了，像杨光和张弛这两个不同收入的家庭，就可以选择不同的保险计划保障全家，而且省却了多保单的麻烦，对于三口之家的家庭来说，确实是一种不错的选择。

案例点评

随着中国家庭经济收入的不断增加，人们对家庭保障的需求也迈向更高层次，作为社会中坚的中产阶层的快速崛起和对家庭的重视，也让保险公司越来越关注中产阶层的家庭保障，很多中产阶级的保险意识已经大幅度提高。养老险、医疗险、意外险、女性险、少儿险、旅游险等保险产品正在覆盖每一个家庭中各个成员的保障需求。对保险商家而言，这一趋势的变化正是其产品推新的良机，推“家庭概念”已经成为众多险企的首选战略，中产阶级成为保险公司的目标对象。

但你有没有想过，假如一家三口都投保传统寿险，假如家庭每个成员投保的险种又比较全，既保重大疾病又保养老，一个家庭至少需要填写几份保单？而且每填写一份保单，都需要填写健康告知、个人资料等，相同的内容多次填写，手续烦琐，还需要重复签名。然后，你会发现家里将有一大摞保险单，当万一出险时你会不知道该拿哪份保险单申请理赔。因此，保户需要一种更快捷、简单的投保方式，既能简化投保手续，又能使全家人都拥有比较全面的保险保障。正是在这种背景下，保险公司正式推出了主要针对家庭保险的保险套餐。

从杨光的家庭情况看，这是一个无论从经济上、教育上，还是从家庭成员的健康状况上，都需要做一番计划的新型家庭。杨光的职业不错，有很大的上升空间，虽然工作比较辛苦，但收入可观，对他来说健康很重要；妻子是位幼教，工作、收入都比较稳定；儿子杨阳还小，但夫妻双方对其教育都很重视，也需要早做规划。杨光的想法没错，买保险确实不等于投资，即使买投连险，也是以保险为先。为此，杨光购买的这款家庭综合保险，完全能够达到“一张保单保全家”的目的，而且对于杨光目前的情况来说也比较合适。

而对于杨光的下属张弛来说，现在收入一般，通过自己主要购买寿险，其他成员附加医疗保障的方式，也可实现全家人的住院保障和医疗补偿，这样，将家庭所需要的保障功能融合到一张保单中，以较少的支出获得较大的保障利益。对他来说，也是再适合不过了。

相关链接

像杨光和张弛购买的“全家保”类型的保险对于全家人都能起到保

障的功能，而且简化了流程，省去了反复选择保险产品、填写多份保单的麻烦。不过这类家庭保险套餐虽好，我们也不能盲目购买，而是应当多多对比，并要考虑风险，才能够购买到真正对全家人有益的保险。

具体来看，“一张保单保全家”可能产生的风险有以下几点。

1. 保单失效的风险。在签合同的时候，“全家保”是一份合同签多个保单，万一其中的一份保单出现了问题，那么其他保单也会被殃及，出现失效问题，可能会影响到以后的理赔或退保。

2. 捆绑销售的风险。之前我们讲过，购买保险需要货比三家，选择最适合自己的产品，而“全家保”中的产品都是出自同一家公司，其中可能有较好的产品，但也有一般的产品，因为采用了捆绑销售的模式，投保人无从拒绝，只能被动接受，这就使投保人丧失了不少主动权，不能自由选择市场上保障能力最强、性价比最优的险种。

3. 与实际需求不合的风险。目前市面上常见的“全家保”产品多是针对三口之家、二人世界开发的，可是随着放开二胎政策的施行，原来的三口之家很可能会变为四口之家，“全家保”保障的范围就不全面了。更何况，在现实生活中，还有几世同堂、单亲家庭、隔代家庭等各种各样的情况，原本组合好的家庭也有离异的可能，这都会对保单保障的范围提出新的要求，而之前购买的“全家保”产品就会有不符合实际需求的风险。

综上所述，投保人在选择“一张保单保全家”的时候，可千万不能盲目追求方便，而是要多多思考保单的适用性，而且要对保单中的每一项保障进行对比。如果发现组合中有很多是自己的家庭并不需要的保障，那就不要购买，否则只会白白浪费资金。相反，如果组合确实是自己的家庭急需的，而且综合保费也在一个比较合理的水平，那就可以放心购买，给自己和家人都送上一份保障。

理财提醒

在大部分的家庭保险套餐中，都是以家庭经济支柱为重点保障对象的。因此，如果买家庭保险套餐，应给家庭主要收入来源者购买主险。另外，我们应注意在业务员的指导下，如实填写投保单。

特别的爱给特别的你——女性保险指南

妮妮是家中的独生女，从小就非常乖，学习上很要强，高考很顺利地考上了清华大学。而且妮妮绝对不是那种高分低能的孩子，她有其他女孩子都具有的性格和梦想，也有自己崇拜的偶像，可以说是一个小才女，她的父母很自豪，觉得自己的女儿是个天才。

22岁大学毕业后，妮妮进了一家外企。工作后的妮妮非常努力，不断积累着专业知识，虽然没有读研，但她认为自己在上班期间也学会了不少东西，更重要的是体会到了人在社会的感觉，那是在校园里读多少年书都学不到的东西。妮妮始终认为健康、快乐是人生的资本，也是人生的意义之所在，因此，她被同事们称为是“惜命”的人。对于父母的关爱，妮妮从来都没有忘记过。工作一年后的妮妮拿出了一部分积蓄，给自己的父母各买了一份养老保险，在自己生日那天送给了他们，妮妮永远也忘不了父母当时那激动的目光，她觉得自己做了一件非常有意义的事。

前不久，妮妮看了一份娱乐杂志，得知自己崇拜的一位著名女歌手因乳腺癌不幸去世，她有些伤心，随即联想到了很多这样的例子……想到这里，一向崇尚健康、快乐的妮妮准备为自己购买一份保险。的确，现在的工作压力很大，女性患病的概率也在逐年递增，因此，保险对于现代职业女性来说具有非同一般的意义。吃晚饭时，妮妮把自己的想法跟父母说了，父母也非常赞同她的这种保险意识，而且母亲还准备资助她买一份保险。

不过妮妮没有急于购买保险，她知道公司里年龄比自己大的女同事几乎都有给自己买保险，于是妮妮便不停地向她们请教。这些同事都很惊讶妮妮为何小小年纪就有如此的超前意识，竟然知道给自己买保险了，于是有些好心的同事就开始给妮妮介绍自己买的险种了。妮妮从中选择了一款经济实惠的险种投了保，因为她不想让妈妈掏钱。

妮妮购买的这款保险是专为女性设计的，而且养老医疗兼顾，可在53岁时，一次性领取4万元；意外门诊、住院、重疾全面保障；创业期高额保障，了却后顾之忧；无患重疾年老时，可退回高额养老金（免交利息税）。保险期限为终身，妮妮只需每年交付2940元的保费，这样算下来，平均每个月是245元，这对于月收入4000余元的妮妮来说，是完全可以承受的。

下班回家后，妮妮告诉妈妈自己已经买好了保险，并把险种跟妈妈仔细介绍了一番，妈妈认为自己的女儿长大了，已经有足够的能力把自己的生活料理好了，看来妮妮还真是一个“天才”。妮妮说，等以后随着收入的增加，还会继续追加险种，要给自己制订一个全方位的保险计划，她说自己这叫“新新白领丽人”。

案例点评

妮妮二十几岁的年纪就有了很强的保险意识，确实不失“才女”的称号，现在很多职业女性都知道给自己买保险，而且也有越来越多的保险公司都推出了专门为女性朋友设计的险种。也许你会认为妮妮的想法过于“惜命”，其实不然，在生理方面，女性承担着生育和哺育后代的使命和责任。而在心理方面，现代社会中，由于就业压力、社会竞争激烈、家庭关系协调以及子女教育等诸多方面的原因和关系，女性往往比男性承担着更多的心理压力，因此女性有着独特的生理风险和心理风险。所以女性特别需要关注自己的健康问题，要认真审视自己的身体状况，并及早做好应有的保障工作。

购买专为女性打造的特制保险，不失为一种明智的选择。聪明的现代职业女性应该想到今天赚的钱有两个人在用，一个是现在的自己，一个是将来的自己。因此，她们往往会为自己的现在和将来做个周全的保险计划，就像妮妮那样尽早给自己买个保障，也能减少很多后顾之忧。不仅如此，由于生理、生活习惯、工作性质等原因，女性的平均寿命比男性要长。女性的养老问题要比男性严峻很多。现在社会养儿防老可能性很小，因为子女们压力都很大。靠社会保险养老，效果无异于杯水车薪。因此，女性朋友们用现在收入的一小部分作为医疗、养老金的规划，便可以使自己拥有一个自尊、丰富的幸福生活！

相关链接

女性处于不同的人生阶段，拥有不同的保障需求。因此，对于女性的保险计划，可以参照以下四个阶段。

1. 小女孩阶段。18 岁之前的未成年人没有经济压力，没有社会责任，同时也缺少社会保险等保障。这个阶段应该考虑的是重大疾病保障、基本医疗保障以及教育保障（用分红型教育险或者万能险来保障教育金）。

2. 单身年轻女性阶段。这时候的女性关心身体健康以及未来的生活品质。应该选择妇科疾病保险、普通重大疾病保险、养老保险。因为单身女性最担心父母的养老问题，因此定期寿险或者意外险也是应该考虑的问题。

3. 结婚后的阶段。这个时候的女性肩负着家庭的责任，肩负着生儿育女的责任，同时也要负担自己在工作岗位上的责任。这个时期应当关心身体健康和生育健康以及老年的退休养老生活。根据科学论证，70%

以上的已婚女性都有不同程度的妇科病，且女性得病的概率远远高于男性。此时应该选择生育保险、养老保险、妇科疾病保险、普通重大疾病保险、定期寿险。

4. 中老年阶段。这个时候子女已经长大成人，自己也临近退休。奋斗了一生，有了一定的财富积累。此时最关心的就是如何对于积累的财富进行安排和分配，一方面有利于晚年的幸福生活，另一方面可以更多地照顾好晚辈的生活和事业。因此应该考虑补充一定的健康险，可以选择终身寿险（避免遗产税）、万能保险（作为老年生活的生活费或者娱乐费用）等。

理财提醒

每个女性都要经历怀孕、分娩的过程。这个过程对于大人和孩子都有一定的危险性。比如说中国宫外孕造成女性死亡率大幅上升。保险公司针对这种情况开发出专门的保险，为女性生育、母婴安全等提供保障。因此，对于准备结婚生子的女性朋友来说，要适当考虑此类保险。

家庭财产保险——给你的财产上把锁

江鹏，35周岁，与朋友合伙经营一家网络硬件制造公司，效益良好，如今已娶妻生子的他可谓一个名副其实的中产阶级了，对于这位年轻的企业主，早在一年前就给自己和家人买齐了保险，可唯独没有给自己的家庭财产投保。这不，前几天自己的朋友家中被盗，除了房子没给搬走，其余的贵重物品都让小偷给偷走了，看着两眼茫然站在空荡荡屋子里的朋友，江鹏这才意识到家庭财产保险的重要性。

江鹏家住在富人区的高档住宅内，像他这种拥有两辆好车和高档住宅的人早就成了重点被偷对象，他的朋友不就是一个很好的例子吗？虽然小区在安保方面做了加强，但江鹏还是有些担心，为了防患于未然，江鹏准备购买一份家庭财产保险，为自己的财产多上一把锁。

经过保险业务员的推荐，江鹏选择了一款家庭财产两全保险。这款保险的突出之处在于兼有保险保障和满期还本的双重性质。首先，江鹏交纳保险储金，当保修期满时，无论是否发生过保险赔款，该保险储金均如数退还给江鹏本人，从而体现了其他财产保险业务所没有的到期还本性质；其次，保险公司将江鹏交的保险储金所产生的利息作为保险费，在保险期间内，若发生保险损伤，保险公司承担的赔偿责任与普通的家庭财产保险相同，从而又体现了基本的保险保障的特点。

由于家庭财产基本上无账目可查，且财产的品种、质量和新旧程度差别很大，因而保险金额的确定往往难以做到准确。通常情况下，家庭财产保险的保险金额由保险客户根据其财产的实际价值自行估价。但由于家庭财产险强调在财产保险单上分项确定保险金额，分项的粗细程度直接影响到财产的实际价值，因此江鹏还特意请了一位资产评估师对自家的投保产品进行了一番细致的评估。

保险代理人建议江鹏再购买一款家庭财产保险的附加险，它虽然不能独立承保，但因盗窃是家庭财产所面临的主要风险，因此也成为多数家庭投保时的一种必然选择，江鹏听取了代理人的意见，购买了一份附加险。代理人提醒他要特别注意，对于投保附加盗窃险的情况，要在遭受保险责任范围内的盗窃损失后，应当保护好现场，并及时向当地公安机关报案，在24小时之内通知保险公司，否则将会影响索赔的效力。

有了这款家庭财产两全保险及其附加险，江鹏的心里踏实多了。而且他还了解到，经特别约定，且在保单上载明，金银、珠宝、玉器、首饰、古玩、古书、古画、邮票、艺术品，稀有金属和其他珍贵财物也可投保。于是，江鹏把能投保的财产都投了保，给自己的财产上了一把无形的锁。

案例点评

家庭财产保险是为居民的财产提供一种风险分散与保障的手段。家庭财产保险的开展，不仅在于能够为财产被保险人提供经济补偿，从更为广泛的角度上讲，可以用来维护家庭生活的安定。

在我们选择家庭财产保险时，最好选择保障范围相对宽一点的，同时根据自身财产所面临的问题，可以有所侧重地考虑。例如江鹏，居住在富人区，是比较容易发生盗窃案件的地区，因此投保盗窃附加险是明智的选择，否则一旦财产被盗，又得不到赔偿，就会损失惨重。

对于家庭财产保险的投保方式及相应手续，各保险公司也有不同的规定。我们在投保时可以进行对比选择，此外还可以就投保手续的烦琐程度进行比较，在这一点上，和投保人寿保险一样，投保人都可以对险种和所要投保的保险公司进行比较，对于有必要投保家庭财产保险的家庭来说，千万不要嫌麻烦，还是要选择一款合适的险种进行投保。

当我们有了一个温馨的家之后，为了确保家庭财产的安全，或者万一发生灾害时，把损失降到最小，并得到一定的现金赔偿，我们不妨考虑一下家庭财产保险，为自己的财产上把锁。

相关链接

家庭里的财产可谓林林总总、形形色色，但其中有些是可以得到保险公司承保的财产，而有一些则不属于保险公司的承保范围。根据我国现行各大公司的险种情况，可以得到保险公司承保的财产大致有以下几类。

1. 自有房屋及附属设备。其中房屋的附属设备是指固定在房屋之中的冷暖卫生设备、照明设备、供水设备等。

2. 各种生活资料。包括衣服、行李、家具、文化娱乐用品、家用电器、非机动交通工具等。

3. 农村家庭的家具、工具和已收获的农产品、副业产品、家禽等。其中对于仍然生长在土地上的农作物可以投保专门的农业保险。农业保险是为农村种植业和养殖业所提供保障的一个险种。

4. 与他人共有的财产。其中共有的财产是指财产的所有权主体有两个或两个以上，与他人共有并由其负责的财产。

5. 代保管财产。即受他人委托，代为保管并负有维护其安全责任的财产。从事生产、经营的个体工商业者，不在家庭财产保险中代他人保管财产之列，不能纳入家庭财产保险中。

6. 租用的财产。它是指付出一定租金为代价而使用他人的财产。例如，租用房屋、家具、电器等。

此外，经特别约定，且在保单上载明，下列财产也可投保：金银、珠宝、玉器、首饰、古玩、古书、古画、邮票、艺术品，稀有金属和其他珍贵财物；牲畜、禽类和其他饲养动物；堤堰、水闸、铁路、涵洞、桥梁、码头、矿井、矿坑内设备和物资。

理财提醒

家庭财产保险按财产的使用年限逐年减低赔付比例。保险公司一般按其公司的查勘定损，确定财产的实际损失。实际损失超过投保额，最多只能按投保额赔偿。实际损失若少于投保额，就按实际损失赔偿，因此投保者应合理确定投保金额，在进行险种选择时要了解保险金额确定的方式，为了避免在赔付时出现不足额赔付，应该尽可能地选择可以较高确定保险金额的保险公司。

第六章

基金投资

基金，从诞生之日起就受到大众的关注。与其他投资工具相比，基金有无可比拟的优势，因而成为最大众化的理财工具之一。近两年，我国的基民发展迅速，且收益颇丰。从长远来看，基金的收益高于同期的利率，风险又低于股票，因此，个人理财时应当把基金列为重点考虑的对象。

把握良“基”：与适合的基金长相依

叶子是一家企业的职员，大学毕业工作5年了，她的银行账户有一笔不菲的存款。不过考虑到未来的生活，叶子还是希望能够好好打理这笔存款，好让自己手中的财富不断增值。为此，她一直都是省吃俭用，把自己的收入存成定期储蓄，可无奈利息收益微乎其微，失望之余，叶子只好考虑其他理财产品了。

2016年年底，叶子听同事们说投资基金收益很不错，她非常心动，恰好手头有一笔定期存款到期了，于是她赶紧按照同事的指点，用这笔钱购买了基金。此后，她的心就和基金拴到了一起。每天到办公室的第一件事情，就是访问基金网站，查看净值，心情也随着净值的增减而起起落落。每天吃完午饭，就和同事们凑到一起，预测基金的涨落。

购买基金后，基金净值在1元上下徘徊了3个多月，叶子也满怀期望地等待了3个多月，她的许多同事都失去了耐心，把资金都赎回了。叶子也耐不住了，她想就随大流在1.03元的时候赎回算了，但她仍有些不忍心，所以又等了一个月，可是变化不大，叶子终于下了决心，在1.03元的时候，叶子把基金全部赎回了。

除去认购和赎回费，叶子还赚了300多元，当时还窃喜了好一阵。不料又有个熟人告诉她，自己这几个月在股市赚到了1000元。叶子有些后悔没有去投资股票，那段时间，她的心总是觉得空落落的，虽然还没有谈过恋爱，但她觉得，这种感觉应该就像是失恋一样，很不是滋味。

于是，便萌生了小女人的心态，她整天盼着股市结束上涨，好让自己失衡的心理早点平静下来。还好，股市也没有继续创新高，叶子的心理好像得到了些许的平衡。可是就在这时候，基金却开始分红，10 派 0.5 元。得知了这个消息后，叶子真是悔啊，觉得自己“杀鸡取卵”，简直是笨蛋一个。

可世上并没有卖后悔药的，痛定思痛，经过反思，叶子决定再购买新的基金，这回一定要长期持有不动摇。经过谨慎的选择和多方请教后，叶子重仓认购了一只开放式基金。可是不幸的是，该基金开放后不久即跌破面值，净值最低跌至 0.9 元，在所有股票型基金中几乎倒数第一。叶子一下子浮亏达数千元。

但这次叶子咬着牙坚持没有赎回，既然是自己当初看中的，就一定不会错。苍天不负有心人，叶子终于等到了盈利的时候。2017 年年底，该基金重仓的科技股表现发生了根本性的改变，净值达到了 1.6 元的高点，叶子也尝到了甜头，获利颇丰。

如今，叶子对自己选择基金的“眼力”越来越自信了，她准备再用自己的“火眼金睛”选择一个良“基”，并且一定要吸取前两次的经验和教训，与适合的基金长相厮守。

案例点评

基金自诞生以来就备受投资者的青睐，对社会经济的发展起到了重要的作用。但是有不少投资者是刚刚进入基金市场的，他们对基金投资存在不少认识误区。而基金投资的一大忌就是频繁赎回，这样不仅损失了手续费，更重要的是没有分享到基金公司长线投资所产生的收益。

我们应当知道，基金一般会有 0.8% ~ 2% 不等的申购费率，而赎回更要损失 0.5% 左右的手续费，具体而言，基金的赎回价格是赎回当日的基金净值。例如，要赎回某基金5万份基金单位，其赎回费率为0.5%，基金赎回当日的净值为2.8213元，则投资者所要支付的赎回金额为2.8213×50000×0.5% = 705.32元。而将基金赎回后，投资者之后仍可能再次回到基金市场。一进一出，光各样手续费就损失不少，更何况现在购买的基金收益也不一定会高过之前赎回的那只基金。因此，在基金面值普遍下跌时急于赎回，恰恰反映出基民不懂基金投资方法。大多数基民跟着形势走，赚了就跟进，跌了就赎回，这种“追涨杀跌”的做法是不可取的。

叶子从自己的切身经验中得到了投资基金的经验，也尝到了投资基金的甜头。从她的经历中我们可以看出，基金是一种非常好的投资方式，早购买，早获益。但同时，买基金也要注意风险，要在认购期购买，在股市低迷时买。在持有多个基金时，要注意不同基金的风险收益组合。更重要的是，买基金不可像小猫钓鱼一样，三天两头变化，基金需长期持有，不要为了蝇头小利，频繁买卖。否则极易坐失良机，后悔莫及。

相关链接

投资基金特别是股票型基金是一项风险较大的活动，所以在投资之前，一定要考虑好以下几个问题。

1. 基金的发起人。投资一种基金之前，要搞清楚它的发起人的各方面情况，这样有助于对基金的发展做一个比较正确的判断。

2. 基金的类型。投资前要根据自己的实际情况做出理性选择。

3. 基金的规模。从总体上看，基金规模较大对投资者有好处。当然，规模并不是越大越好，一种基金如果规模太大，就会影响其机动性，它一旦改变投资组合，往往会对整个有价证券行市产生不利影响。

4. 基金的费用。投资前弄清楚基金公司的各种收费，这是基金投资计算成本的重要一环，成本计算得越精确，日后退出基金时可能蒙受的损失就越小。

5. 基金最小投资额。每种基金都有一个最低投资限额，如果这个最低限额超过了投资者预计的投资数目，则不能选择。

6. 基金的价格变化。可从该基金的历史经营记录中获取，也可以根据在市场行情的升降两种情况下基金的营运记录来比较基金。

7. 基金的投资组合状况。基金的最突出特点就是广泛投资于很多不同类型的金融工具。因为单一类型投资虽然可能获得较高的利润，但也伴随着较高风险，而分散投资则可以减少这种风险。

理财提醒

金融市场中基金产品种类众多，而且每种基金都有自己的特点，风险程度和收益情况也各有不同。因此，投资者在投资基金的时候一定要慎重选择，毕竟投资理财是要在安全稳定的基础上尽可能地追求高收益。而在这些种类繁多的基金产品中，货币基金无疑是追求资金安全的投资者的首选。因为，货币基金具有诸多方面的优势，如本金安全、流动性好、投资风险低、收益率高于银行短期存款利率等优点，可以取代一年期以内的银行储蓄，有“准储蓄”的美誉。所以采用货币基金和短期银行储蓄结合的形式，就能满足这类求稳的投资者的需求。

定期定额基金——懒人投“基”

33岁的王峰在事业单位工作，每月收入8000元左右，妻子30岁，是一所大学的老师，月收入4000元。王峰从参加工作以来，单位里的领导就跟走马灯似的换了又换，因此，现在单位里的关系也比较复杂。长期以来，王峰觉得身心疲劳，回到家什么也不想干，陪老婆吃吃饭，说说话就休息了，以前他还会去球馆打打羽毛球，可现在一切活动都取消了。到了周末，王峰唯一的活动就是躺在家里睡大觉，因此老婆也给他起了个外号叫“懒人”。

一天，王峰的妻子回家对他说，学校的马老师买的基金赚了不少钱，他买了5只基金，每种都是一路看涨，不过让众多老师都感到不解的是，大家都没看到马老师像其他买基金的人似的成天盯着基金走势，况且马老师教的是专业课，还是专业课教研组的组长，属他教学任务重，回家还要备课、研究专业知识，哪儿有时间选购这么多基金呀？为了弄个明白，王峰的妻子准备第二天上班时问问马老师。

马老师倒是爽快，他说自己买的这五款基金也是朋友推荐的，但不同于其他基金，他买的基金都是专门为“懒人”准备的定期定额基金。也就是投资者通过基金公司指定的基金销售机构提交申请，约定每月扣款时间和扣款金额，由销售机构于每月约定扣款日在投资者指定资金账户内自动完成扣款和基金申购申请的一种长期投资方式。这种投资方式类似银行的零存整取、每月强迫储蓄投资。作为一种长期的投资方式，只要每月账户中保证有足额资金以实现固定扣款，投资者就可以不管市场涨跌，不用费心选择进场时机，因此又被称为“懒人投资法”或“傻瓜投资术”。

听到这儿，王峰的妻子也心动了，她想，自己家的银行存款还完房贷后，还有十几万元，与其存入银行，还不如拿来买马老师说的这种“懒人”基金，况且自己的丈夫也是个名副其实的“懒人”。回到家后，妻子把自己的想法跟王峰说了，王峰也觉得这种基金很适合自己，但他一直保持着不人云亦云的优良作风。他想，既然是投资，就必定存在着一定的风险，为了保险起见，王峰决定先找个懂行的问问。

通过咨询了几位朋友后，王峰得知这种定期定额基金还具有很多其他优点：第一，投资起点低，每月负担小，很多公司“定期定额投资计划”的申购下限仅为 100 元，适合收入不高的阶层或储蓄能力较弱的年轻人。第二，定期投资，积少成多，有助于投资人充分利用闲散资金。第三，手续简便，只需去代销基金的银行或证券营业部办理一次性的手续，每期的扣款均可自动进行。第四，合法节税胜过储蓄。定期定额基金类似零存整取，投资者可以用它替代储蓄，同时资本利得完全免税。

经过这么一了解，王峰高兴了，这不正是为自己这样的人准备的一种基金吗？行家给王峰做了个预算，若每隔两个月投资 100 元于某一只开放式基金，1 年下来共投资 6 次总金额为 600 元，每次投资时基金的申购价格分别为 1 元、0.95 元、0.90 元、0.92 元、1.05 元和 1.1 元，则每次可购得的基金份额数分别为 100 份、105.3 份、111.1 份、108.7 份、95.2 份和 90.9 份（未考虑申购费），累计份额数为 611.2 份，则平均成本为 $600 \div 611.2=0.982$ 元，投资报酬率则为 $(1.1 \times 611.2 - 600) \div 600 \times 100\%=12.05\%$。

这么看来，投资基金确实要比存银行划算，于是王峰在行家的建议下买了三只定期定额基金，买完之后，就什么都不用管了。他对这种投

资方式感到非常满意，自己不用操心，还能享受比银行储蓄更高的收益，何乐而不为呢？

案例点评

“定期定额”业务是基金申购的一种方式，它通常指投资者通过基金销售机构，约定每期扣款时间、金额、方式和申购对象，由销售机构于约定日，在指定资金账户内自动扣款投资基金。投资额度是投资者首先考虑的问题，目前基金每月扣款的最低额度，绝大部分起点均在 500 元以下，很多仅 100 ~ 200 元，可以说门槛非常低。投资者可考虑自己的具体情况确定每月定投的额度。一些偏股型的基金还规定连续扣款的时间越长，所获得的费率优惠越大。

像王峰这样的情况，由于工作比较紧张，下班后一般也就没有什么精力再去搞理财投资了，而且即使有时间、有精力，也对基金、股票等理财产品不甚了解，不知该从何入手，更别说踩准市场涨跌的时机，准确把握市场的买点与卖点了。在这种情况下，就可以考虑定期定额基金，它可以让像王峰和马老师这样的投资者很轻松地避免购买时机的风险。

如果按照定期定额的方式进行投资，定期买入固定金额、但不同份额的基金，当基金净值上涨时，买到的基金单位数较少；当净值下跌时，所买到的单位数则较多。多个周期结合起来，自己的投资就是由大量低价的份额及少量高价的份额组成的，长期下来，利用定期定额投资基金，能够有效降低基金的单位购买成本。

并且，定期定额业务兼具储蓄与投资双重功能，具有投资成本低、积少成多、手续方便、平均摊薄投资成本、降低投资风险等优点，非常适合工薪阶层。所以，不会投资的“懒人”选择适合自己财务状况、风险小、回报较好的定期定额基金还是能够赚到钱的。

相关链接

基金定投作为一种中长期的理财方式，被称为“懒人投资法”，但投资者在选择具体的基金对象时却不能偷懒。要知道，选好种子才能使财富的成果更加丰硕。

具体来看，基金定投一般应注意以下几点。

1. 在挑选定投基金的时候，投资者最好是选择基金成立时间长的，最好是在3年及以上的基金。当然，并不是说新基金或是成立不久的基金不适合做基金定投，而是说这些新成立不久的基金是否稳定还不能够有清晰的判断和认识，难免会出现问题。

2. 在挑选定投基金的时候，投资者要看所选择的基金在3年或是5年的时间里，是否有一个较为稳定的排名。投资者最好是能够选择排名靠前、资金管理规模较大的基金公司，因为这样的基金公司大都能够保证基金经理的稳定以及公司自己的投资水平处于前列。

3. 要看任职的基金经理在多年内是否稳定。稳定的基金经理对投资者选择定投的基金时非常重要的。这能够保证基金有一个稳定良好的表现，保证投资者的收益。

4. 在选择定投基金的时候，投资者可以参考基金累计净值增长率。基金累计净值增长率 =（份额累计净值 − 单位面值）÷ 单位面值。例如，某基金目前的份额累计净值为1.18元，单位面值1.00元，则该基金的累计净值增长率为18%。净值增长率高的相对来说，收益率就会比较有保障。

5. 投资者选择基金的时候，还可以参考基金分红比率。基金分红比率 = 基金分红累计金额 ÷ 基金面值，而基金产品只有有一定的盈利时才有可能会分红。所以，基金分红的前提就是该基金产品能够有一个比较良好的业绩表现，而该基金要能实现持续分红，该基金就必然要保持一个良好的运作状况。所以，投资者可以用基金分红比率的高低来作为自己选择基金产品的标准。

6. 选择长期业绩好的基金。比如，一些净值表现良好的指数型、偏股混合型基金。这样，可以积累大量低成本筹码，有效分散成本，而等到牛市到来的时候就可以充分享受基金反弹收益。

7. 最后还要选择好购买的平台。一般来说，基金定投的平台有三类。第一类是银行，在银行进行购买的优点是选择多，有理财经理提供服务，不过缺点是手续费比较高，并且跑银行网点也不方便；第二类是第三方理财平台，这类平台的优点是选择多，可以在手机上交易，但缺点是手续费高，净值等大家关心的数据信息更新较慢；第三类是各大基金公司的官方交易平台，这类平台的优点是手续费低，基本上主流基金公司都推出了零手续费的优惠。当然，缺点是选择较少，投资者只能购买那家基金公司的基金。

理财提醒

基金定投需要额外注意扣款日，定投虽采用每月固定日扣款，但因为有的月份只有 28 天，为防止 27 日、28 日两日是周六、周日，所以全年在固定时间扣款，扣款日只能是每月 1 ~ 26 日。另外，扣款日如遇节假日将自动顺延，如约定扣款日为 7 月 8 日，但如果次月 8 日为周日，则扣款日自动顺延至 9 日。

四招选准最能“生蛋”的“基”

今年35岁的崔先生是一名职业会计师，已有两年的基龄了。可能是出于职业习惯，崔先生对金融投资很敏感，而且对于市场价格走向总能总结出一些小规律。因此，购买基金两年的时间里，从来没有赔过钱。面对目前市场上五花八门的基金品种，如何才能够选准“生蛋”的好“基”呢？通过长期的摸索，崔先生总结出选基的四个高招。

第一招，风险和收益的合理配比。在每次选购基金前，崔先生都要首先明确自己所能承受的风险程度以及预期收益水平。他认为，净值增长率只是基金绩效的表观体现，要全面评价一只基金的业绩表现，还需考虑投资基金所承担的风险。而考察基金投资风险的指标有很多，包括波动幅度、夏普比率、换手率等。崔先生在网上找到一家专业基金评级机构，这家公司每周提供业绩排行榜，对国内各家基金公司管理的产品逐一进行业绩计算和风险评估，这样，崔先生就会很方便地了解到投资基金所承受的风险，从而更有针对性地指导自己的投资。

第二招，选择优质的基金公司。每次购买基金前，崔先生都要详细了解基金管理公司的情况，考察其投资风格、业绩。他总结出两个方法：一是可以将该基金与同类型基金收益情况做一个对比；二是可以将基金收益与大盘走势相比较。崔先生总是更多地关注6个月、1年乃至2年以上的指标，他认为，基金的短期排名靠前只能证明对当前市场的把握能力，却不能证明其长期盈利能力。如果一只基金大多数时间的业绩表现都比同期大盘指数好，那么可以说这只基金的管理是比较有效的。而且，“一枝独秀”不能说明问题，“全面开花”才值得信赖。只有整体业绩均衡、优异，才能说明基金业绩不是源于某些特定因素，而是因为公司建立了严谨规范的投资管理制度和流程，投研团队整体实力雄厚、配合默契，这样的业绩才具有可复制性。

第三招，选择合适的购买时机。崔先生认为，其实投资基金和投资股票一样，也要选择一个合适的投资时机。如果投资时机选择得不好，那么得到的收益必然会大打折扣，如即使买进的基金各方面都好，但是市场行情不好，那么得到的收益会比在好的行情下获得的收益要低，甚至会出现套牢。

第四招，新老结合组合投资。崔先生一般都是在股市上涨到一定程度时，为了减少风险，适当买一些新基金；而股市下跌时，就多买一些业绩好的老基金。而且，在基金净值较高时，崔先生也会降低买入量，在基金净值较低的时候就会多买一点。他认为，这种新老搭配、多少结合的方式会更加有利于分散风险，增加收益。

风险和收益的合理配比，选择优质的基金公司，选择合适的购买时机，新老结合组合投资就是崔先生总结出的四个选基高招，如今，凭着这四招，崔先生又选购了两只基金，而且他的同事和朋友们对他的选“基”方法也十分认同，都纷纷开始效仿。

案例点评

截至 2018 年 6 月 30 日，我国已发公募产品的基金管理公司达到了 124 家，管理基金数量已接近 5000 只。面对如此多的基金，投资者如何才能选准能“生蛋”的好“基”呢？对于大部分投资者而言，基本能够判别基金的投资方向、投资策略，但是方法大多不具体，而且可操作性也不强，因此，掌握一种合理、正确、系统的选择方法就显得至关重要了。

崔先生的这四招就为我们选择基金提供了很好的指导方法，投资基金的实质就是风险和收益的配比问题，任何人在投资基金之前，都应该认真考虑自己承受风险的能力，根据自己目前的资金状况和收入状况做出客观的评估。选择优质的基金公司也是十分重要的，对基金的业绩考核是一项综合性的考核，不能只看那么几个数据，要多方面比较。而且，与基金的盈利能力直接相关的就是基金经理，基金经理的能力、素质和稳定性对于基金的运营有很大的影响。接下来就是购买时机了，要综合考虑投资基金的大环境与小环境的变化，看准时机。最后，为了分散风险，增加收益，可以考虑新老结合组合投资，当然，这需要一定的投“基”经验。

对于很多刚搞清楚“基金”和“鸡精”区别的新基民来说，要在众多的基金产品中选择一款适合自己的，其难度不言而喻。怎样才能选择一只能“生蛋”的好“基”也成为众多基民关心的问题，而对于那些操作性不强的招数来说，既浪费时间，又得不到预期的效果。崔先生通过实践得出的这四个“高招”确实有很强的可操作性，而且通过他选择基金的实际情况来说，这四招值得广大基民学习。

相关链接

面对市场上种类繁多、风险和收益水平又各不相同的基金。投资者首先必须对市场上的基金种类有个大致的了解，并清楚这些不同类型的基金产品各有什么特点和优势，才能够在众多的基金产品中选择出最适合自己实际情况的基金。

1. 封闭式基金。

根据基金是否可以随时申购或赎回进行分类，投资基金可分为封闭式基金和开放式基金。其中，封闭式基金是指基金的发起人在设立基金的时候，就限定了基金单位的发行总额，而基金总额筹足后就宣告成立，并且进行封闭管理，在一定时期内不再接受新的投资。也就是说，封闭式基金是一定时期内不可赎回的基金。

不过，在封闭式基金发起设立的时候，投资者可以向基金管理公司或销售机构认购；在封闭式基金上市交易的时候，投资者可以通过证券市场委托券商进行转让和买卖。需要注意的是，投资者在买卖封闭式基金时与买卖上市股票一样，要在价格之外付出一定比例的证券交易税和手续费。相对来说，购买封闭式基金的费用要比开放式基金高一些。所以，封闭式基金购买成本高，并且灵活性会有一定的限制，适合投资风格比较稳健的投资者，在存续期间不用担心赎回的问题，但利息收益常常缺乏很好的保障。

2. 开放式基金。

开放式基金与封闭式基金相对，是一种可以随时增发、随时赎回的基金。也就是说，基金发起人在设立基金的时候，基金份额总规模是不固定的，可以根据投资者的需求，随时向投资者出售基金份额，并可以应投资者的要求赎回发行在外的基金单位或是股份。也就是说，只要基金公司仍在持续经营，那么这只基金就可以永续地发展下去。

投资者可以按照基金的报价，根据基金合同等约定的内容和程序，在证券市场上自由进行申购或赎回。还有，开放式基金的交易价格是由基金经理人以基金单位资产净值为基础计算出来的，并非由市场竞价决定。

3. 收益型基金。

收益型基金是以追求基金当期收入为投资目标的基金，其投资对象主要是那些绩优股、债券、可转让大额定期存单等收入比较稳定的有价证券。收益型基金一般把所得的利息、红利都分配给投资者。当然，需要注意的是，收益型基金的收益虽然高，但风险也会比较大。所以，投资者在选择购买收益型基金的时候一定要慎重选择。

4. 股票型基金。

股票型基金又称为股票基金，是指基金资产主要投资于股票市场的基金，当然这其中有一个比例要求，如果某基金 80% 以上的资金都投资于股票资产，那么这种基金就是股票基金。事实上，股票基金也属于收益型基金，这种基金的风险也比较高，当然伴随着高风险的还有高收益。它的主要收益则来源于股票上涨而获得的资本利得，其收益率取决于股票价格的波动。

股票型基金的投资风险比较大，但是与投资者直接投资股票市场相比，股票基金的风险还是比较分散的。投资者在选购股票型基金时，为了尽可能降低投资风险，就要考虑基金的投资方向，即考虑股票基金的未来风险、收益程度等因素，选择适合自己风险承受能力、收益偏好的产品。还有，投资者也应该考虑基金公司的品牌和专业水平，选择品牌良好、专业素质较高的公司。

另外，从资产流动性来看，股票基金具有流动性强、变现性高的特点。所以，对于个人投资者来说，股票型基金有利有弊，一定要根据自身的情况进行选择。

5. 债券基金。

债券基金是指专门投资于债券的基金，它通过集中众多投资者的资金，对债券进行组合投资，以寻求较为稳定的收益。根据中国证监会对基金类别的分类标准，基金资产 80% 以上投资于债券的为债券基金。当然，债券基金也可以有一小部分资金投资于股票市场。投资可转债和打新股也是债券基金获得收益的重要渠道。

根据投资债券的种类不同，债券基金的投资风险也会有所不同。其中，国债信用最高，投资风险最小，可转债，信用债等债券品种风险较高。

就收益性来说，利息收入是这种基金的主要收益来源，利率的变化和债券市场价格的波动是影响其收益率的关键因素。当市场利率下跌时，债券市场价格就会上扬，债券基金获利就会增加；相反收益就会减少。

6. 货币基金。

货币基金是一种开放式基金，专门投向风险小的货币市场工具。区别于其他类型的开放式基金，货币基金风险小，流动性好，收益稳定，具有“准储蓄”的特征。它的投资方向主要是银行定期存款、短期国债、商业汇票、银行承兑汇票等。

在股市遭遇熊市时，货币基金对投资者来说是不错的选择，因为它比银行的存款收益高，且风险较小。不过它同样受到通货膨胀的影响，如果收益率低于通货膨胀率的话，实际上投资者的资产是缩水的。不过，需要注意的是，货币基金是免利息税的，且免收申购赎回费用，只是收取一些基金管理费用等。

从分红方式来看，货币基金采取的是红利转投资。也就是说，每份基金面值始终保持在 1 元，超过 1 元后的收益会定期转化为基金份额，投资者拥有多少基金份额就拥有多少资产。所以它的盈利主要体现在分红和收益率，只要持有一天，货币基金就会提供一天的收益。

理财提醒

“7 日年化收益率”是最直观反映货币基金业绩状况的指标，所以很多人以此作为选择基金的唯一依据，但“7 日年化收益率”是一项短期指标，代表的只是基金最近 7 天的盈利情况，并不说明 7 天之前和未来的收益水平。时间是最好的试金石，投资者应关注“累计年化收益率”，如以往一个季度、半年或一年的累计平均收益情况，然后再做出投资决定。

开放式基金投资技巧

刘广深今年34岁，在一家民营企业做行政助理，随机应变能力非常强，善于挖掘新鲜事物，对什么都很好奇。头脑灵活、不安于现状的他从前年开始投资基金以来，一直喜欢潜心钻研，工作之余总是学习基金的相关知识和投资技巧，通过两年多的实践积累，刘广深挖掘和总结出了不少投资开放式基金的技巧，其中的很多方法都值得基民们学习。

以前，刘广深跟大多数人一样，认为买开放式基金只能去基金公司或银行。后来他发现，其实证券公司和基金公司有着千丝万缕的关系，相对银行来说，基金公司和证券公司的关系更密切一些。由于这几年股市不景气，所以证券公司也都在积极发展代销基金等延伸业务，但由于证券公司网点较少等原因，难以和银行竞争，因此许多证券公司便在费率上给出大幅优惠。比如，同样一只开放式基金，在银行申购的费率为1.5%，而在证券公司最低可以享受5折优惠，所以，刘广深现在买基金都是去证券公司。

早在几年前，刘广深就开始炒股了，刚开始买基金时，他总是把炒股经验搬出来，认为认购肯定比申购合算，后来他发现，除认购费比申购费略低外，认购几乎没有优势可言。现在发行的开放式基金可以说良莠不齐，盲目采用认购的方式买基金很可能和买股票一样被“套牢”，而采用申购的方式就可守可攻，进退自如。现在刘广深多采用申购的方法购买基金，静观一只基金走出封闭期后的表现，如果基金净值出现下跌，就采取观望或选择其他更好的基金；如果这只基金的净值稳步上升，则考虑采用申购的方式进行投资，这样投资风险会相对小一些。

前几天，刘广深还了解到网上也能购买基金。工商银行、招商银行等金融机构相继推出了网上基金业务，只要开通网上银行，坐在家里便可以自助购买货币基金。其操作程序非常简单，登录网上银行后，点击“网上证券”下的“网上基金”，然后就可以即时办理基金公司 TA 账户和交易账户的开户，以及认购、申购、赎回、销户、资金划转等业务。

近来各基金公司争相推出了“基金电子直销”，和购买商品一样，通过这种直销方式就可以使中小投资者享受“出厂价”的待遇，利用这种方式投资开放式基金将更加便利和实惠，基金电子直销可以通过网络实现一年 365 天、一天 24 小时的全天候、多方位基金交易服务，客户可以随时查询、下单、撤单以及进行基金转换和定期定额申购，刘广深认为，“基金电子直销”非常适合像自己这样的上班族投资基金。

后来，刘广深又发现第三方理财平台也可以购买基金，如阿里旗下的蚂蚁聚宝就是这样的平台，购买时操作非常方便，从手机支付宝就可以找到入口，其中很多基金的申购费甚至打 1 折，这对刘广深来说是有很大诱惑力的。刘广深的一个同事一直在用支付宝里的余额宝理财，问刘广深这个理财产品好不好，刘广深研究了一番后，告诉同事：“余额宝其实也是基金的一种，是货币基金，风险小，但是收益较低，不过还是要比银行储蓄稍微好一点。”同事这才恍然大悟，直夸刘广深是基金专家。如今，刘广深算是用活了这些新的购买方法和技巧，凭着他自己挖掘的这些“野路子”，可以说他对开放式基金投资是游刃有余。

案例点评

俗话说，“各行有各行的门道”，干好哪一行都不容易，都需要潜心研究，不断学习。对于大多数基金投资者来说，可能没有时间和精力去仔细钻研专业的基金知识，但适当地了解一些购买技巧还是有必要的。有时挖掘一下问题的深层内容对自己购买基金还是有很大好处的。刘广深就是通过深层挖掘，发现证券公司和基金公司有着千丝万缕的关系，相对银行来说，基金公司和证券公司的关系更密切，而且证券公司为了降低由于股市不景气带来的损失，对前来办理基金申购业务的顾客还有很多优惠政策。如果投资者能够很好地利用这个条件，5 折的优惠政策还是能够省去不少的申购费用的。

人总是喜欢按照以往的一贯模式思考问题，总是“想当然”，其实有很多经验是不能挪用照搬的。投资基金也是一样，应改变习惯思维。很多有过炒股经历的投资者总是喜欢把投资股票那一套经验拿到投资基金上来，认为认购会比申购划算，其实不然，除了认购费比申购费低之外，认购没有任何优势可言，而且盲目认购很有可能被“套牢”。因此，刘广深的做法是完全正确和理智的，认购基金就像通过火车道一样，要“一看二慢三通过”，等其走势向好时再行申购也不失为一计良策。

还有就是投资基金要学会利用新工具，网上购买基金和“基金电子直销”都是很好的购买方式，投资者可以利用这些新工具为自己服务，多一条路就多一个选择。大多数基民都是像刘广深这样的上班族，可能没有过多的时间进行基金理财，这时新式投资工具就可以帮助我们从容投资。

总之，任何投资都有技巧，投资基金也不例外，关键是投资者要善于去挖掘，并积极运用到自己的实际操作之中。这样你会发现，有时候技巧确实能够帮助我们解决不少以前解决不了的问题。

相关链接

开放式基金和封闭式基金是按投资者能否随时向基金管理公司申购（购买）和赎回（卖出）对基金进行的分类。二者的区别主要有：

1. 基金规模的可变性不同。开放式基金投资者可随时申购或赎回基金份额，所以基金的规模不固定。而封闭式基金除非发生扩募等特殊情况，在基金成立后基金规模是固定不变的。

2. 期限不同。开放式基金没有固定的期限。而封闭式基金有固定期限。

3. 基金单位的买卖途径不同。开放式基金既可以由基金管理公司直销，也可以由商业银行等代销机构代销，赎回也由上述途径办理。封闭式基金份额的变现，需要通过证券交易所上市交易。

4. 基金单位的交易价格不同。开放式基金的基金单位的买卖价格以基金单位对应的资产净值为基础，不会出现折价现象。封闭式基金的买卖价格与基金净值一般不同，通常会出现折价。此外，交易价格会受到市场供求关系的影响，除净值变动外，投资者还需要承担因供求关系变化引起的价格波动风险。

5. 风险管理要求不同。开放式基金随时面临赎回压力，须更注重流动性管理，要求基金管理人具有更高的投资管理水平。由于开放式基金规模的可变性，基金管理公司的管理绩效对开放式基金的规模有较大影响。表现好的基金可以吸引更多的资金投资，从而扩大规模；表现差的基金可能引起投资者的赎回，导致基金规模减小，甚至清盘。此外，基金管理公司的客户服务质量对基金的规模也会产生一定影响。相对封闭式基金而言，开放式基金对基金管理公司改进投资管理和客户服务的压力和动力更大。

理财提醒

申购开放式基金的形式有多种，除了一次性申购，还可以定期定额申购，这种业务是借鉴了保险业分期投资、长期受益的营销模式，其最大特点一是多次申购摊薄了投资成本，避免了一次性投入的潜在风险；二是降低了门槛，便于广大工薪族进行投资，投资者可以将这种方式当作“零存整取”来积攒个人零散资金。

用成功婚姻的原则来投资基金

48岁的赵祥是一家报社的人事部主任，同事们都亲切地称他为老赵。要说这老赵可真是一位名副其实的“心好”男人，在同事们的眼中，他是一个家庭事业两不误的“全才”。要说工作，这么大的一个报社，在人事部坐镇，身肩重任；要说家庭，老赵对妻子那是出了名的好，他们家已经连续好几年被社区评为“和谐家庭”。

两年前，单位的同事们都纷纷开始投资基金，老赵也跟着凑起了热闹。对于基金投资，老赵除知道最基本的买卖规则外，其余的知识技巧是知之甚少，但他一直在虚心地向懂得多的同事学习，工作之余也跟他们研究投资哪个基金好。从他买入第一只基金到现在，已经有将近3年时间了，同事们发现了一个很奇怪的现象，那就是老赵截止到现在，所买的基金都是一路走红，而其他人多多少少都会有赔有赚，没有老赵这么“走运”。有些细心的同事开始询问老赵是如何选择基金的，老赵也不隐瞒，直言相告，说自己是根据成功婚姻的原则来投资基金的。

至于这成功婚姻的原则，老赵说，第一条，就是要谨慎选择好伴侣。什么样的丈夫或者妻子才是好丈夫或者好妻子呢？有句话说得很经典：“婚姻好比是一双鞋，合不合脚只有自己知道。”选老公和老婆其实也是同样的道理，因为个人的情况千差万别，所以只有适合自己的丈夫或妻子才算得上是真正的“好”丈夫和“好”妻子。从这个角度来看，选择婚姻对象的过程首先是一个了解自己的过程。选基金也是同样的道理，每个投资者都有自己的财务需求，在选择之前老赵总是先要弄清楚自己的风险承受能力和所能投入资金的限度，并谨慎地了解自己所要投资的基金情况。

这第二条原则就是长期坚持。老赵说，选择好对象只是成功婚姻的开始。要拥有成功的婚姻，首先需要长期地坚持。由于大多数人能够在婚姻中坚持到底，因此成功婚姻的比率还是很高的。说起来的确非常有趣，如果一个人刚刚结婚就天天盘算着如何离婚的话，那么这样的婚姻出现问题应该是不令人意外的。不过在投资上，确实有这样的情况：刚刚买入基金就每天打电话咨询何时赎回合适，其实，这样的心态只能说明投资者对自己的选择缺乏信心，显然很难谈得上长期坚持了。

这最后一条原则就是彼此信任。婚姻和投资一样，中间难免有波折。在婚姻中，平安度过各种波折考验的秘诀是彼此间的信任，通过彼此体谅、关心和包容，进而达到精神世界上更高层次的和谐。老赵认为，当你投资了一只基金后，你就需要关心各种变化，但要想在基金投资中获取丰厚的回报，你首先需要信任你自己，信任你的基金管理人。这样，才能抵御各种暂时波动带来的诱惑，不为赚取蝇头小利而在短期波动中迷失自我。

长期坚持，彼此信任，这就是赵祥的成功婚姻原则，也是他用来投资基金的原则。如今，老赵依然坚持着这些原则，用它们经营自己的婚姻，同时，也经营自己的基金。

案例点评

成功的理财是需要原则的，这些原则往往和生活中的很多其他道理相通。比如，拿成功婚姻的原则来投资基金，经常也能取得事半功倍的效果。要想拥有一个成功的婚姻，首先是要谨慎地选择一位好的伴侣，因为个人的情况千差万别，所以只有适合自己的丈夫或妻子才算得上是真正的“好”丈夫或“好”妻子。选基金也是同样的道理，每个投资者都有自己的财务需求，只有充分地了解自己的承受风险的能力、投资需要和方向，才能选出适合自己的基金。也就是说，选择基金首先要对自己有个充分的认识，这是第一步，也是关键的一步。

接下来就是要长期坚持了，幸福婚姻的一个衡量标准就是坚持到底，半途而废的婚姻不算是成功的婚姻，没有谁会刚一结婚就想着离婚。买基金也是一样，不要刚刚买入就想着怎么赎回资金，一般情况下树立长期投资的理念是正确的，如果盲目地打“短线”，会增加操作成本，影响整体收益。如果所选基金运作较为稳定，持股结构也不错，并且您的资金在一个时间段内不急用，完全可以“放长线，钓大鱼”。

幸福的婚姻离不开夫妻之间的相互信任，婚姻的路上难免遇到各种波折与考验，在遇到挫折时，信任是战胜挫折的最好方法，夫妻之间相互体谅、关心和包容，这样才能度过困难时期。买基金也是如此，既然是当初自己选择了半天才选中的，就不要因为一时的波动疑心四起，怀疑自己当初的选择，怀疑基金管理人，在短期波动中为了赚取蝇头小利而迷失自我。

可见，成功婚姻的原则会给我们投资基金带来指导意义。成功的原则是可以复制的，任何事物之间都存在着一定的联系，把成功婚姻的原则运用到投资基金中，听起来似乎是互不联系的两件事，但是只要你善于总结，就会发现其中的内在联系。

相关链接

虽然短炒并不合适，但基金的“长期持有”策略也并非让投资者一成不变。投资者在哪些情况下可以考虑赎回基金呢？如出现以下 5 种情况，可以考虑赎回基金。

1. 如果投资者投资的基金在同类基金中业绩排名一直靠后，如 1 年、

2年、3年业绩均靠后，那么这样的基金可以考虑赎回。

2. 基金报酬率达到一定程度，长时期内都维持在一定的水平上甚至有所下降，在这样的情况下可考虑赎回基金。

3. 基金的基本条件如基金公司、管理团队发生剧烈变化，可以考虑赎回基金。

4. 投资者有资金周转要求，需要使用现金又周转不开时，可考虑赎回基金。

5. 资产市场整体呈现震荡盘整格局，交易量快速萎缩，也可考虑适当赎回基金。

理财提醒

现在多数基金管理公司都开通有旗下不同基金的转换业务。如果投资者买得一只基金绩效较差，而另一只基金较好，就可以考虑转换。另一种更普遍的情况是，在市场大幅波动时从高风险品种向低风险品种转换，而在市场上升时快速由低风险品种向高风险品种转换。转换的成本低于申购赎回，所以投资者可以用转换来代替赎回。

撑起系列基金这把“伞”

55岁的余振诣是上海某大学英语系教授，妻子在中学当老师，儿子在外地读研，马上就毕业了。余教授与妻子的月收入共计1.5万元。他们住在余教授学校的家属楼里，前年买了一部价值30万元的小轿车，另外还有可支配资产共计50余万元。余教授一家的收入非常稳定，而且现在也没有什么大的开销，考虑到退休后的养老问题，余教授准备购买一些养老保险，然后剩下的钱购买基金。

余教授考虑到退休后要预防重大意外和严重疾病带来的损失，所以为全家购买了人身意外险、重大疾病等健康类保险，年保费大约为4000～5000元。这样，余教授准备拿出40万元买基金，剩下的存款作为应急准备金。资金都预算好了，接下来的工作就是要考虑购买什么种类的基金了。因为余教授购买基金是为了今后养老做些准备，所以他不想买高风险的基金，他的主要目的是控制风险，实现资产的保值和长期稳定增值。

因此，对于别人推荐的高风险、高收益的基金产品余教授并没有考虑购买，而对于一些需长期投资的低风险基金来说，回报率又太低，想用自己那几十万块钱“吃息”恐怕不太可能。考虑到现在基金赎回和转换都要收取一定的手续费等费用，余教授并没有盲目购买基金，他一直在寻找一种适合自己家庭状况的基金。

后来，余教授在别人的推荐下购买了一款系列基金，进行长期投资。中低风险、收益稳定、组合灵活就是系列基金的特点。系列基金包含了一个个的子基金，也正是基于这个特点，系列基金又被称为“伞形基金”。余教授只需要与基金管理公司签订一份伞型基金契约，就可以在基金内部所设计的各个子基金之间进行自由选择与组合。这样不仅可以保证收益，而且风险比较小。

如今，余教授已经在自己购买的伞形基金下进行了两次不同子基金之间的转换，费用低廉，还很方便。余教授越发觉得自己的选择是正确的，他开始向学校其他的老师、教授推荐这种“伞形基金”。他说，“伞形基金”能够为他们退休后的老年生活支起一把无形的伞，对于同自己一样步入中老年的知识分子，确实可以考虑购买。

案例点评

中老年的家庭理财关键是要减小风险，而系列基金对于像余教授这样的家庭是个不错的选择。系列基金在早期曾被广泛称为“伞型基金”。所谓“伞型基金”，是从基金的组织结构方面来加以形容的，它就像一把撑开的雨伞，伞把儿就是投资者与基金管理公司签订的基金契约，而伞面上的一条条“龙骨”就是这份契约下面所包含的一个个子基金。换句话说，投资者只需要与基金管理公司签订一份伞型基金契约，就可以在基金内部所设计的各个子基金之间进行自由选择与组合。这样不仅可以保证投资者的收益，而且风险比较小。

余振诣教授从自己的理财目的出发，选择伞型基金是十分明智的。他的家庭基本已经成熟，现金流入量比较大，可以应付一般日常支付，不需要太多的银行存款，所以银行存款保持在 10 万元作为可支配资产以防不时之需，余下 40 万元资金可以用于投资基金，以达到资产保值和增值的需要。在众多金融产品中，余教授决定购买系列基金，进行长期投资。主要是考虑到自己即将进入退休阶段，风险承受能力相对较低，选择中低风险、收益稳定、组合灵活的系列基金是比较合适、稳妥的。这样可以保证自己在老年有充足的资金使用。

可见，对于中老年知识分子家庭而言，购买系列基金确实不失为一个明智的选择，它就像是为像余教授这样的家庭撑起的一把伞，学会利用这把伞，将会使养老经费多一份来源与保障。

相关链接

系列基金主要包括债券型、股票型及平衡型基金；债券型基金风险非常小，变现能力强，预期收益率一般在 4% ~ 6%，可以作为大额支付的一种准备；股票型基金风险中等，收益稳定，预期收益率比债券型的要高，进行长期投资可以实现资产稳定增值，但是变现能力较弱。平衡型基金是债券型基金和股票型基金的投资组合，风险和收益都介于两者之间。

系列基金的特点是：

1. 基金品种多样性。相对于单一基金而言，系列基金通常都包含数量从数只到数十只乃至上百只的基金，这些基金在投资范围、投资策略等方面各不相同。

2. 各基金之间的相互独立性。除了隶属于一个相同的总契约和总体框架及不同基金间可以进行方便的转换之外，各基金之间在很大程度上是相互独立的。

3. 各基金之间方便的可转换性。同一系列基金的投资者可以在该系列基金下的不同基金之间进行方便快捷、费用低廉甚至免费的转换。

理财提醒

基金单笔投资和定期定额并不冲突，在行情调整，或是投资人有大笔收入时（如储蓄到期、奖金等）可根据市场情况，做基金的单笔投入。而定期定额则是将日常收入的一部分定期投资基金，达到长期投资，强制储蓄的效果。当投资人的日常收入有提高的时候，也可将每月定投的金额调高。

第七章

股票投资

股票是机会较多的一种投资工具，也是较难捕捉、风险较大的一种理财手段。股市瞬息万变，它的超额利润让无数投资者神往。股票的涨落也最为惊心动魄，每一次中小型的行情都提供了良好的投资机会，每一次大的行情又给战略投资者提供了巨大的获利机会。然而，高利润的背后潜藏着较高的风险，股市常常震荡惨烈，跌涨反复，所以，入市须谨慎。

1 万元也可炒股

张延辉是一家网络公司的商务板块负责人，今年 25 岁，他最大的特点就是做事踏实、稳重。虽然年纪轻轻，但工作两年来，还从未出过任何错误。随着资金的积累，月薪 4000 元的张延辉也有了 2 万块钱的存款。由于工作突出，他获得了加薪的机会。看着日益丰盈的银行账户，张延辉想搞一些金融投资，他周围有几位朋友和同事把资金投向了股市，每天谈论的话题都与股市的跌跌涨涨有关，这让张延辉十分心动。于是他也准备拿出 1 万元购买股票。

张延辉的朋友和同事中很多人都是 5 万、10 万的购买股票，相对他们来说，张延辉这 1 万块钱就显得势单力薄了。他本来也想把自己的 2 万元存款都用于股票投资，但考虑到股市有风险，他还是决定用 1 万元炒，1 万元也有 1 万元的炒法。张延辉想，用 1 万元炒股，想一夜暴富那是不可能的，还是应该炒长线，购买一只风险相对较低、波动起伏相对稳定的股票才是最佳选择。

很多心急的朋友都觉得张延辉的想法不对，他们劝张延辉说，炒股应该拿较多的资金不停地买入卖出，才能赚取更多差价。但张延辉不这么想，他觉得这样炒来炒去就是等于给券商交服务费了，应该有一个长远的投资计划，每年有一个固定的预期收益率，达到这个收益率就算成功。综合每年股市的动荡，张延辉把这个心理收益率定为 20%，投资 1 万元，如果每年的固定收益率达到了 20%，10 年后就可以达到 6 万多元了。

当然，这种估算是一个比较乐观的估算，是建立在每年都能达到20%收益率基础上的，如果出现不足20%的收益率，甚至是出现负收益率，可能就赚不到这么多钱甚至是赔钱了。张延辉通过分析当年股票市场的行情走势发现，大部分股票都是在一定额度范围内上下波动的，涨到一定程度就会往下跌，但同样跌到一定程度也有可能会往上涨，而且对于1万元投资，即使赔钱，几十年后也显得微不足道了。因此，通过网上查询与多方比较，张延辉在购买了一只走势相对平稳的股票，开始了自己的1万元炒股生涯。

随后，张延辉就按照自己的想法炒股，虽然股市一直不太景气，但他的股票表现还算稳定，曾经达到过13%左右的年收益率，虽然没有达到张延辉期望的收益水平，但他对此已经非常满足了。特别是当他看到那些炒短线的朋友当初投入股市的5万、10万大多都只剩下一半的时候，就更是无比庆幸，觉得自己追求稳妥的投资理念是无比正确的。

如今，张延辉依然持有着他当初买的那只股票，由于投资少，并且他选择了长线投资，因此股市的涨跌对他影响不大。他依然默默地观望着那只股票的涨幅变化，涨了，他也不会大喜，跌了，他也不会大悲，而且1万块钱，就算是全赔了，也不会像其他人似的有吐血的感觉。真可谓“去留无意，荣辱不惊”了。

案例点评

想用1万元炒股暴富，那是痴人梦话。但1万元也有1万元的炒法，那就是像张延辉这样选择一只走势相对平稳的股票炒长线。要知道，急于求成的心理是最要不得的，今天买只股票，明天就要卖掉，这样炒来炒去就是等于给券商交服务费了。正确的方法应该是，要有一个长远的投资计划，每年有个固定的预期收益率，达到这个固定的收益率就算成功。综合每年股市的波动与个人实际情况，我们应合理确定适合自己的年收益率目标。

目前大多数青年股民都较为激进冒险，敢于拿出血本投资，而且头脑灵活，精力充沛，喜欢根据大盘走势不停地买入卖出。但不可否认的是，能在股市中自由翱翔的人毕竟是少数，大部分人都是一知半解的散户，而且炒股也不乏运气的因素在里边，趁着牛市就不计后果地疯狂冒险，股市一旦大跌，常常血本无归。而且刚刚参加工作的年轻人积蓄不是很多，盲目投资于股市是不明智的选择。如果能够做到像张延辉那样的稳重，估计赔钱的概率会小很多。

总之一句话，钱不是一天赚的！如果你想用 1 万元在股市赚大钱，首先要问问自己是不是有足够的耐心。有很多事其实做起来很简单，就看你有没有这个耐心了。

相关链接

对于上班族来说，炒股就算是第二职业了，很多人都想既不影响本职工作，又在炒股中获利，鉴于这种情况，以下建议或许对上班族的股民朋友们有所帮助：

1. 在股市中尽可能做一个中长期股民。因为业余股民没有时间每天跟踪股市行情进行全面分析。所以不要为一时的涨跌现象所迷惑，尤其是不要在大家都在讲哪些股好，价格已经炒得“轰轰烈烈”的时候买入，之后又在股市低迷的时候“割肉”卖出，这是业余股民的大忌。所以一定要沉住气，对成长性好的股票在买入后坚持持有，不要在此一时彼一时的股市震荡中随波逐流。

2. 选择股票时，要注意看其所属的行业。可以选择那些有好的市场前景的行业，如说信息服务行业、生物医药行业等；另外所在行业是政府鼓励支持的，像高科技行业等也是不错的选择；此外，流通盘不大（1 亿股以下），没有经过大幅炒作的新股和次新股也可以考虑。因为这些股票有成长性，行业效益比较好。

3. 选择自己比较熟悉的上市公司进行投资，如选择自己当地的一些上市公司投资。因为这些公司在当地，投资者对这些公司的信息、市场情况都比较了解，投资这样的上市公司有把握。

4. 要有一个良好的心态，炒股的关键因素就是保持一个良好的心理状态。做到波澜不惊，只有这样才能够使自己冷静不盲从，能够把握住好的时机，以合适的价格买入和卖出，从而获利。

理财提醒

可以每月用固定的结余买入一定数量的股票，这样做的好处就是用平均买入的方法降低股市涨跌的风险和股票的成本，使自己的股票有一个好的获利基础。

不过，股市有风险，入市需谨慎。购买股票之前一定要对当前的股票市场有一定的了解，学习一些必备的知识，切不可盲目跟风入场。

运用“常识”炒股也能成“股神”

今年52岁的凌先生已有20年炒股经历了，也算是一位老股民了。以前在单位没时间，买了股票后，该干吗还是干吗，有时出差很长时间，回来一看，股票涨了，就卖掉，抱着搏一把就走的心态。当时成功的例子是深发展，15元买的，出差回来时25元，就卖了。后来公司业绩不佳，凌先生进入了裁员名单，失去了工作。当时他觉得自己无事可干，又没有老到整天去公园打太极、喝茶聊天的年龄，就琢磨起了股票。一开始还只是抱着试试看的心理，盈利后才把心都放进来了。

这么多年来，凌先生利用炒股赚了几百万，亲戚朋友们也戏称他为“股神”。的确，这个成绩在众多的股市散户中，也算是相当不错的了。很多亲戚朋友都向他讨教炒股的诀窍，但凌先生认为，自己投资股市也没什么诀窍，都是一些常识性的知识，主要是根据基本面的变化来选择，用心去分析。选定一两只好的股票做中长期持有，年内做波段。另外，还会根据市场热点做些短线，这些都是凌先生运用的炒股“常识”。

其中一只长期持有，对公司基本面进行过重点研究的股票给凌先生带来了巨大收益。从17元买入后，这只股票曾经下跌过一阵子，不过凌先生对它非常看好，继续坚持买入，一直买到12元。其间他也曾介绍亲戚朋友买该股票，不过没什么人响应。等QFII（合格境外机构投资者）进来后，这只股票开始大涨，他们才发现凌先生的选股思路竟跟QFII的一样！凌先生颇为自己的眼光自豪。他的确也有自豪的资本，在当年大盘大部分时间都是阴跌的情况下，按复权价格计算，他选择的那只股票上涨了70%以上。

由于以前的工作原因，凌先生从未炒过短线，而现在他已经是职业股民了，所以有时也会参与一些短线题材股的操作，如在科技股大热的时候介入了一只股票，也小赚了一笔。当然在短炒中也有失算的时候，不过损失并不大，因为他提早设好了止损点，一旦发现问题就果断离场，用他的话来说就是："发现选错股的话，我溜得飞快。"

许多股民都比较关注大盘，但凌先生不太愿意谈大盘，他认为关键是选择个股，特别是个人投资者，精力有限，更应放弃大盘选择个股。他在选择个股时，每次都先要了解宏观经济形势，然后分析哪些板块可能受益或受到的负面影响较小，最后再落实到个股，即所谓"自上而下"的选股方式。

如今，凌先生依然运用着他的炒股常识在股市驰骋，他的这些常识也渐渐地被亲戚朋友们所采纳，因为毕竟凌先生正是运用这些常识才赚了那么多钱。

案例点评

在很多人的眼里，股票是一种非常玄妙的东西，炒股的学问也深不可测，于是不少股民不厌其烦地阅读股票书籍，学习专业的金融知识，向专家讨要诀窍、秘方。可奇怪的是，在变幻莫测的股票市场中，依然有不少才解套甚至赚了钱的投资者再度陷入亏损被套局面。上半年还有一些股民是盈利的，等到年底账面仍维持净收益的股民是少之又少。有些证券营业部的客户经理称，实在很难找到赚钱的人，而亏了50%以上的或者因向营业部融资而被强制平仓的倒有好几位，有的营业部甚至连一个赚钱的股民也找不出来。

难道那么多的诸如“炒股秘籍”“专家点评”都是无稽之谈吗？难道学了那么多炒股诀窍都是假的吗？当然不是，任何分析都有其一定的道理，也都有其一定的实用性，但你别忘了，谁也无法预测明天会发生什么，何况是变化无常的股票市场，一切经验也只是人们对已经发生过的事情做的总结和评价，以后怎样把握，关键还是靠个人。股市是不相信眼泪的，抱怨、后悔也都没有用，反而会使自己的心态更坏，要学会找到适合自己的赚钱之道，从起起落落的股市中赚到钱才是硬道理。

因此，能够很好地利用常识炒股，比学一些空学问要管用得多。凌先生的炒股常识也是自己在这么多年的股民生活中摸索出来的，概括来说，他的炒股常识就是：用心分析，长短皆宜。这条道理虽然简单，但真正能够在实践中运用得像凌先生这么自如和彻底的股民却是凤毛麟角。所以股民朋友还是应当少一些浮躁的心态，多一些踏实的理念，要像凌先生这样，稳扎稳打，那么你即使只运用“常识”炒股也能成“股神”。

相关链接

股票种类很多，可谓五花八门、形形色色。股票的分类方法因此也是多种多样的。按股东权利分类，股票可分为普通股、优先股和后配股。

1. 普通股。

普通股是指在公司的经营管理和盈利及财产的分配上享有普通权利的股份，是股份公司资本构成中最普通、最基本的股份。

普通股的基本特点是其投资收益（股息和分红）不是在购买时约定，而是事后根据股票发行公司的经营业绩来确定。公司的经营业绩好，普通股的收益就高；反之，若经营业绩差，普通股的收益就低。普通股是股份公司资本构成中最重要、最基本的股份。在我国上交所与深交所上市的股票都是普通股。

2. 优先股。

优先股是“普通股”的对称。是股份公司发行的在分配红利和剩余财产时比普通股具有优先权的股份。优先股也是一种没有期限的有权凭证，优先股股东一般不能随意退股（少数可赎回的优先股例外）。

优先股的主要特征有二：一是优先股通常预先定明股息收益率。由于优先股股息率事先固定，所以优先股的股息一般不会根据公司经营情况而增减。对公司来说，由于股息固定，它不影响公司的利润分配。二是优先股的权利范围小。优先股股东一般没有选举权和被选举权，对股份公司的重大经营无投票权，但在某些情况下可以享有投票权。

3. 后配股。

后配股是在利益或利息分红及剩余财产分配时比普通股处于劣势的股票，一般是在普通股分配之后，对剩余利益进行再分配。如果公司的盈利巨大，后配股的发行数量又很有限，则购买后配股的股东可以取得很高的收益。发行后配股，一般所筹措的资金不能立即产生收益，投资者的范围又受限制，因此利用率不高。

后配股一般在下列情况下发行：

公司为筹措扩充设备资金而发行新股票时，为了不减少对旧股的分红，在新设备正式投用前，将新股票作为后配股发行；

企业兼并时，为调整合并比例，向被兼并企业的股东交付一部分后配股；

在有政府投资的公司里，私人持有的股票股息达到一定水平之前，把政府持有的股票作为后配股。

理财提醒

股民在选股时既要学会顺市场大势而为，又要用“物极必反”的道理时刻提醒自己，千万不要追涨杀跌。比如，某只股票已经连续上涨五六天了，在买入时就要小心判断这只股票是否还会继续上涨，而判断并不依赖于股票成交量等单一技术指标，需要结合宏观经济变化、行业发展趋势、企业经营状况等综合考量，只有保持理性，做足研究分析，才能在股市中赚取稳定收益。

把握不准的股票宁可不做

林永木早在20世纪90年代中期就开始炒股了。那个时候挣钱少，但林永木一家没有什么大的开销，住的是单位分的房子，银行有几万元的存款。他认购的第一只股票就是单位转成股份制企业后发行的原始股，也是从那时起，林永木开始了自己的炒股生涯，当时他还不懂炒股是怎么回事，只是单位的同事都买，他也就跟着买了。如今51岁的他已经有二十几年的炒股经历了，他的炒股经验也正是从这些经历中慢慢积累起来的。

刚开始进入股市时，林永木刚好碰上大牛市，没下多少功夫，也没做什么准备，就可轻松赚钱，但过了一段时间后，市场进入了一个漫长的熊市，他也一度损失惨重，把以前赚的钱全都赔进去了，本钱也赔了近一半。不过林永木是一个善于学习、悟性很强的人，正是这些特性与习惯，成为他后来能在多数人亏损的情况下赚钱的重要原因之一。

林永木坦言，刚开始炒股时，自己也犯过不少错误。给他印象最深刻的一次，是当时由于自己的熊市思维没有改变，老是担心大盘会回调，持股时间不长，没能充分利用后来那段上升趋势的主升浪。在不到两个月的时间里，他就因为对市场前景判断不乐观，将买入时分别在10元和15元左右的两只股票在短线振荡中全部抛掉了，赚的钱不多。后来在大盘开始转向前，这两只个股分别冲到14.9元和22.65元的高位，相比之下，当时林永木还是卖得太早了。他当时购买这两只股票主要是考虑到这两只股是当年的大牛股，是大资金炒作的，估计年初会有主力拉高出货，所以就准备吃这一段“鱼尾巴”的利润，没想到它们的业绩这么优良。不过林永木并不后悔，因为他认为虽然少赚些，但还是证明他的购买优势股的策略是正确的，并且坚持跟进自己看好的股票是明智之举。

与一些投资者在熊市里偏爱买超跌股不同，林永木仍是跟庄炒股，而且是跟强庄炒，但如果把握不准，他宁愿不做。2016年年底小赚了一笔后他就一直等待机会，直到2017年5月底市场开始反弹，他才在一只股票发力上涨后追进，这波上涨势头持续了近三个月，林永木的股票也为他赚了不少钱。考虑到后期可能会出现调整行情，林永木就在8月中旬选择了卖出，并拿到了一笔不菲的收益。

对于他的决定，有股友批评他心太急，还说这只股票后期肯定看涨。但林永木说：“我对于自己没有把握的股票，宁可不做。”结果后市的发展果然如他所料，这只股票的价格也在短时间内下降了不少，当时批评他的股友反而因为没有及时离场而亏了不少钱。这下大家都相信林永木的诀窍了：坚决不做没把握的股票。而对于自己看准的股票，则要毫不犹豫地跟庄，而且要跟强庄。在林永木看来，认为股市充满了赚钱的机会，不过具体会怎样表现，作为一个普通股民很难说清楚，但市场中的大资金会寻找时机创造机会，股民只要捕抓到这样的机会，赚钱就相对容易了！

案例点评

中国人从中庸保守的态度出发，一直以来有“没有把握的事情就不要做”的说法。有些时候，人生需要放手一搏，但有的事情没有必要去冒险。对于普通股民来说，没有把握的股票尽量不要盲目买进。

炒股在很多时候炒的是心情，拿不准主意了，开始犯嘀咕了，也就没有心情了。这时再强迫自己买入某只股票，就是不理性的做法了。林永木做得很好，对于自己没有把握的股票，他是坚决不会买进的，即使这只股票后来是看涨的，他也不会后悔，而对于自己看准的股票，则毫不犹豫地跟庄，而且是跟强庄，这个他现在一贯沿用的炒股原则经过证实还是很有效的。股市充满了赚钱的机会，不过具体会怎样表现，作为一个普通股民很难说清楚，多数情况下，大家都是跟着感觉走，但很少有人能在感觉不妙时止步撤出，因此就会有很多人被套牢。

既然做其他事时知道没有把握就不做，那何不也将这个经验运用到炒股上来呢？也许有时相信一下自己的直觉没有坏处，最起码可以避免因决策失误而带来的心理负担。股市变幻莫测，不是靠“搏”就能赚大钱的地方，铤而走险未必是一种好的选择，如果人人都能在股市中“搏”赢，那岂不是人人都能炒股赚钱了吗？所以，对于大多数股民来说，没有把握的股票还是尽量不要买。

相关链接

看一个股票会涨会跌是一门本领，不是一天练就的，但对于普通股民来说，掌握一定的方法可以帮助自己看准股票。

1. 要做自己最了解的那个行业的股票。也就是炒股要“不熟不做”，因为对你熟悉的行业的股票，你比较容易了解它的行业背景、业绩、题材、振幅、主力操作方法等，这样就方便你确定买入和卖出的时间点以及最合理的价位，可以大大提升操作的成功率。

2. 在你最了解的行业中挑选一下有哪个股票的经营业绩较好，每个季度的每股收益比较高，因为股东，也就是持股人，追求的就是股东权益最大化。

3. 查看该只股票的持股机构分布，依据股票的股权结构为自己的买卖决策提供帮助。

4. 查看该只股票一年来的成交量，估计机构投资者在该只股票上的建仓价格大概是多少，如一只股票现在的价格是 24 元，你查看该只股票在今年的 7 月成交量突然放大到每天成交几十万股，而不是平时的十万股左右，而你看到的价位是 14 元，那么你可以肯定的是机构在 14 元建的仓，现在升到了 24 元，已经涨了 10 元，风险已经很大，这时你可以重新挑选一只机构建仓价位比较低的股票进行投资。

理财提醒

股民要坚持自己的选股逻辑：根据“价值＋成长”的原则选股，不炒垃圾股，不碰不熟悉的、有问题的股票。有些投资者喜欢听别人的，跟别人跑，或者过度关注短期的盈亏，这些都是不成熟的表现。

短线操作积少成多

38 岁的周伟林是一家私营企业的老板，在七八年前就开始投资股票了，早几年交了很多学费，往往是赚了指数不赚钱。后来他看了很多投资方面的书，包括技术分析及基本面研究的，练就了比较过硬的分析能力，擅长波段操作，做短线。不过他不是职业股民，不能每天盯着大盘，所以在生意忙的时候就脱离股市一段时间，等到不是很忙的时候就会多去看看。

对于短线操作，周伟林颇有心得。他认为，在决定买股票之前一定要先看它的筹码分布情况，设立止损位，另外就是要看技术图形和量能是否配合，是上升趋势还是下跌趋势，以及处在趋势的哪个阶段。当然做短线还要关注热点题材，如知识产权概念股、新能源汽车概念股、世界杯概念股等。

周伟林可谓地道的"炒短族"。2017 年，由于前几个月较忙，他到 5 月才开始关注股市。当时购买的一只股票价位是 7 块多，由于此后两个交易日此股放量过大，让周伟林觉得很不稳妥，所以他就在价位涨到 8 块多时将这只股票卖出了。6 月底他又买了一只股票，价位在 10 元多一点，过了没多久，在 11 元左右卖出了。因为是做短线，他买卖的股票比较多，一般都是只赚几个点就走。最失败的例子就是年底买入的一只股票，买入价格 10 块多，但买入后势头就转变了，股价连续下跌，于是在下跌 2%、3% 后就止损了（该股幸好及时止损，现在它的价格还不到 7

块钱）。

看来，对于习惯短线操作的周伟林来说，买卖股票快，下跌止损也快。但对于如何挑选作为短线操作的股票，周伟林有自己的原则。他一般只在当天涨幅榜前20名中挑选股票，而且要符合三个标准，一是技术不要背离太厉害；二是量不能放得太大；三要适当关注一下基本面，基本面不能太恶化。如果不符合标准，他宁愿继续等待，而如果发现判断失误则一定及时止损。周伟林说："股票趋势持续下跌，我一般便不会再去看了。每次操作亏几个点不会影响太大，而如果等待股价回升，损失就很难说了。"

目前，周伟林继续着他的短线操作，前不久由于装修房子，他已经有一阵儿没关注过股市行情了。这不，房子装修好了，他又开始选股了。之所以还保持着自己的股民身份，是因为周伟林对中国股市的长期发展很有信心，他认为，有时就是因为制度不完善才会导致市场低迷，但作为投资者，眼光要放长远一点。他很看好中国股市的未来，因此在别人都想出去的时候，他却要继续光顾股市，还准备加大投入。

案例点评

股市是高风险高收益的投资场所。可以说，股市中风险无处不在、无时不在，也没有任何方法可以完全回避。因此，作为投资者，尤其是短线投资者，应随时具有风险意识，并尽可能地将风险降至最低程度，而对买入股票时机的把握是控制风险的第一步，也是至关重要的一步。在买入股票时，投资者除要考虑大盘的趋势外，还应重点分析所要买入的股票是上升空间大还是下跌空间大、上档的阻力位与下档的支撑位在哪里、买进的理由是什么？买入后假如不涨反跌怎么办？这些因素短线投资者在买入股票时都应有清醒的认识。

另外，短线投资需要充裕的时间，以便及时关注股市变化。周伟林在繁忙的时候是从来不会频繁买进卖出的，而在空余时间会寸步不移地盯住股市行情，因为炒短线必须要求投资者能够时刻关注股票，所以短线投资者必须保证自己有一定的空闲时间。另外短线炒的是差价，不要指望自己能够探顶，重在积少成多，没有必要在一只股上赚死，要学会见好就收。

很多投资者在买入股票时，都是认为股价会上涨才买入。但若买入后并非像预期的那样上涨而是下跌该怎么办呢？如果只是持股等待解套是相当被动的，不仅占用资金错失别的获利机会，更重要的是背上套牢的包袱后还会影响以后的操作心态，而且不知何时才能解套。对于炒短线来说，与其被动套牢，不如主动止损，暂时认赔出局观望。止损可以说是短线操作的法宝，短线投资者回避风险的最佳办法就是止损、止损、再止损，别无他法。因此，我们在买入股票时就应设立好止损位并坚决执行。短线操作的止损位可设在 5% 左右，中长线投资的止损位可设在 10% 左右。只有学会了割肉和止损的股民才是成熟的投资者，也才会成为股市真正的赢家。

相关链接

短线操作风险很大，而且对股民的心理素质有很高的要求，对于短线炒股的股民，一定要记住几个买入要点，我们可以把买入的要点归纳如下：

1. 在买入之前，一定要参照一下股票的走势图，因为它是大众投资心理的反映。

2. 在买入之前，先定好止损点，搞清楚你最多愿亏多少钱，这可以防止你在市场不利时做出错误的决策。

3. 选择临界点，记住你不可能每次正确，所以入场点的获胜概率应大过失败概率。

4. 最好在升势阶段或突破阻力线，准备开始拉升的时候买入。

5. 绝不要在跌势时入市。

6. 不要把“股票已跌了很多了”作为买入的理由，因为你不知道它还会跌多少！

7. 不要把“好消息”或“专家推荐”作为买入的理由，特别是在这些利好消息公布之前，股票已涨了很多的情况下，更不能轻信任何“内部消息”。

理财提醒

短线操作者要特别注意，每天开盘后的前半个小时不适合进行买入操作。这是因为开盘前要是没有足以影响市场趋势的重大消息的话，走势就会延续上一个交易日最后的趋势。但是这种走势很容易出现变化，一旦有“风吹草动”，市场很容易出现剧烈波动，如果你在此之前贸然买入，就难免后悔莫及。所以一定要等到趋势明朗后再展开行动。

信奉价值投资

上海的朱腾在一家外企做部门经理，从2003年进入股市，到现在已经有十几年了。刚进入股市时亏得很惨，一度是负资产，但经历了几次牛市，也赚了一些钱。他最大的特点就是不擅长炒短线，以前跟庄炒股，但也是跟长庄，不去跟那些猛庄，而且跟庄的时候也会看一些公司基本面的东西。2013年年底彻底他改变了投资理念，由跟庄转为价值投资，现在觉得还是价值投资比较合自己的胃口。

价值投资法由美国投资家格雷厄姆提出，后来由他的几位学生，如世界富豪沃伦·巴菲特、共同基金投资大师坦普顿等将之发扬光大。20世纪80年代，美国投资界较为推崇价值投资，长期投资股市又能获得佳绩的投资家，大都采取价值投资策略。

价值投资策略基本上认为任何股票都具有其潜在实质价值，而其价格因众多的投资者买进卖出，所以产生时而大涨或时而大跌的现象，然而涨幅超出其价值太远，终究会向自身价值回落。同样地，若跌幅距离其价值太远，也会回涨至其价值之上。所以只要价值高于价格，就是买进股票的时机，不管股市大盘的涨跌都应如此；反之，当价值低于价格时就应当进行卖出操作。朱腾从2013年年底，就一直沿用价值投资策略炒股。

2016年年初，朱腾因为买房子，曾从股市抽出部分资金，后来又投入一些资金增持部分看好的个股。他所持有的股票有四只，表现比较好的有两只，其中一只占了全部仓位的三分之二左右，另一只是配售中签股，加上转增的共1800股，另外两只股票收益一般，占不到三分之一的仓位。由于判断失误，其中有一只亏了近一半，另一只基本持平，总体来说收益还是不错的。朱腾最感到庆幸的是自己抱着一只价值高于价格的股票不动，而且在2017年还有加持，其中部分是在2017年6月转增的股份上市后就追进的，当时股价在13.6元左右，一度升至25元，到去年年底股价有所回落，但仍有23元。那只配售中签的股票曾一路下跌，但因他对该股基本面看好，所以一直持有，后市情况也证明他的判断是正确的，那只股票后来成了2017年的十大牛股之一。

对于价值投资，朱腾举了个很贴切的例子。他说，当我们到商场购物时，如果看到人潮涌动，甚至大家纷纷抢购，通常是商场有打折商品或低价拍卖，且折扣越大，才会越吸引顾客。为什么会出现这种情况呢？这是因为消费者通常会选择价格低于价值的商品，认为物超所值才值得购买。然而当我们来到证券交易所，会发现价格告示板前的椅子全被占满，营业员忙得不可开交时，十之八九是股价急速上涨的期间。为什么会有这种现象呢？因为当价格急速上涨时，才会促发投资者的购买动机，这时候股票的价值到底如何，投资者却无法向购买商品那样做出准确判断，因而难免会出现很多失误。由此我们可以看出：人们在从事投资理财时，其行为和决策常常是不理性的，往往凭着非理性的情绪和直觉进行判断，这常常会让自己误入歧途。

正是因为有这样深入的思考，朱腾至今仍然抱定价值投资的理念没有动摇。他每次都要经过仔细深入的研究后再买股票，而不会仅仅看到股价快速上涨就做出买入决策。2018年，他准备将以前购买的一只股票继续持有下去，其中几只个股是否减持还要看完年报后再做决定，同时他也要看基本面和宏观面的变化，才能准确定位个股的价值，并做出买入或卖出的正确决策。

案例点评

价值投资策略其实很简单，只要价值高于价格，就是买进股票的时机，不要管股市的涨跌，只要够便宜，就把股票买下来；反之，当价值低于价格时就应当卖出。这个操作方法虽然简单，但绝大多数股民却并没有真正掌握。一般人在投资股票时，通常只问会不会涨，而不问这个价格是否便宜，值不值得？这种购买股票的做法是要不得的，我们不妨想象一下，许多人在购买汽车、高档手机、电脑等贵重商品之前，尚且还会先研究几个月，有条件的话还会到展示卖场查看实物，询问亲友的意见，然后琢磨这个价钱合不合理，是否值得？若觉得价格太贵，通常会耐心等到降价时再买。

然而在购买股票时，很多投资者却从未考虑过价值的问题，往往是根据亲友的一通电话或道听途说而来的消息，在短时间内便骤然下决定，而其投资的金额却通常是高档手机的数十倍、数百倍，如此决策不可谓不草率，也难免会导致令人失望的结局。而价值投资策略提醒人们，在投资股票时，最好控制一下自己的行为，可以参考在购买贵重商品时的做法，等价格打折、物超所值时再购买；而当价格大涨，股票实际却不值那个价钱时，也不要从众抢购，而是应当冷静地卖出。

朱腾在购买任何股票时，都会对其价值进行深入的分析，如果价格低于价值时，就会购买；反之，就不会购买，这种炒股的方法虽然简单，却值得很多投资者学习。总而言之，价值策略就是要提醒股民朋友们在购买股票时，将理性的消费行为运用到股票投资上来，这样才有可能在充满风险的股市上有所斩获。

相关链接

想要掌握股票投资的技巧不可能一蹴而就，需要长时间的磨炼，才能做到“熟能生巧”。对于普通股民来说，这种磨炼肯定是非常艰难的，在磨炼的过程中，一定要注意杜绝以下几点。

1. 急于求成。当手中的股票不涨，但别人的股票却连续上涨的时候，有的投资者总是怀疑自己手中股票的质量，心态越来越浮躁，往往急功近利地追涨杀跌，结果却导致了许多不必要的损失。

2. 心态不稳定，意志不坚定。当手中的股票上涨时，由于心态过分贪婪，一心想着赚取更多的利润，于是没有及时获利了结；而当股票出现下跌调整，低于自己的成本价格时，又因为害怕被套，稍有反弹就不假思索地卖出，致使到手的利润变成了亏损，这种情况就是心态不平稳、意志不坚定造成的。

3. 期望太高，看好的股票太多。当经过分析买入股票，在一段时间内，股价没有达到自己预期的价格甚至出现下跌时，看好的其他没有买入的股票却大幅拉升，于是心态失衡，将手中看好的股票卖出，同时买入未经充分研究的股票，如此循环往复，不但无法获利，反而亏损惨重。

4. 过分看重技术分析。对缺口、均线、成交量、前期高点、MACD等技术指标过于依赖，却对真实的基本面了解甚少，往往会被假象所迷惑。

5. 想博取短差。当发现一只股票连续下跌且有企稳迹象时，或在平台整理有利润可博取时，贪一时之蝇头小利，无视股票基本面而贸然介入，结果遇到突然的破位或者长时间的横盘整理，导致丧失信心卖出股票造成亏损。

理财提醒

计算股票的实际价值并不是一件容易的事情，普通股民可以采用市盈率这个指标作为参考，其公式是市盈率＝股价 ÷ 每股收益，这个指标计算起来非常简单，在财经网站和股票软件中都能查询到。不过，对于股民来说更重要的是研究股票价格的未来趋势，所以在计算时要使用预期收益，这样可以算出动态市盈率，以更好地指导自己的决策。

分段买法防套牢

30岁的高远在一家外企的培训部工作，主要负责新人的培训，月薪10000元左右，年终双薪，平时还会有各种补贴。2016年，他按揭了一套商品房，贷款80万，15年还清。交完首付后，他把剩下的3万元投资于股票，两年来，从3万炒到了5万，取得了不错的战绩。公司对新人采用分阶段培训法，高远将工作的理念运用到了炒股当中，他所使用的股票购买方法主要是分段买法，而分段买法又分为分段买高法和分段买低法。

“分段买高法”是指投资者随着某种股票价格的上涨，分段逐步买进某种股票的投资策略。例如，高远前不久看中一只股票，当时股价在20元左右，他认为价格仍有上涨空间，但又不想贸然跟进，怕万一预测失误而造成损失。因不愿将10000元现款一次全部购进该股票，他采用了“分段买高法”投资策略。先用4000元买进200股，等价格上涨为25元时再买进第二批，价格上涨到每股30元时，再买进第三批。

在这个过程中，一旦股票价格出现下跌，他一方面可以立即停止投入，另一方面可以根据获利情况抛出手中的股票，以补偿或部分补偿价格下跌带来的损失。后来高远在买进第三批股票后，价格出现下跌，这时他停止投入，不再购买第四批，在股票价格没有跌到25元以下时，出售全部股票。这样，他第三批股票上的损失就可以用第一批股票上的盈利来弥补，保证了10000元本金不受损失。

“分段买低法”是指随着股票价格的下跌，分段逐步买进的投资策略。按照一般人的心理习惯，股票价格下跌就应该赶快买进股票，待价格回升时，再抛出赚取价差。而在高远看来，其实问题并没有这么简单，股票价格下跌其实是相对的，因为一般所讲的股票价格下跌是以现有价格为基数的，如果某种股票的现有价格已经太高，即使已经下跌，不跌到一定程度，其价格仍然是偏高的。这时如果贸然大量买入，很可能会遭受重大损失。

高远早在几个月前就开始关注一只价格在10元左右的股票，其价格逐步上涨，当上升到每股20元时，开始回跌，跌到每股15元时，高远考虑这时可能会继续下跌，也可能重新回升。由于原先上涨幅度较大，使得继续下跌的可能性要大于重新回升的可能性。于是他采用“分段买低法”逐步买入该种股票，这样就能通过出售股票来补偿或部分补偿遭受的损失，以减少风险。于是当股票价格跌到每股15元时，他先买进第一批200股，待股价跌到每股10元时，买进第二批，跌到每股8元时，买进第三批。这时，股票价格不再下跌，开始出现回升，当股价上升到每股10元时，高远卖出了第三批购买的股票，这样就可以用第三批股票来抵销买进第一批股票的损失了。就这样，高远所购买的股票从来没有被套牢过，因为他总是能通过分段购买法抵消损失。

案例点评

股票投资就是买低卖高赚取差价，但是这一买一卖中却蕴藏着不少学问。有的投资者一旦被套牢就后悔当初自己没有看准股票，可是说实话，股市变幻莫测，真正能把某只股票看得一丝不差是不太可能的。很多在股市中赚到钱的股民都是掌握了正确投资方法的人，他们知道怎样规避风险，知道以何种方式买入卖出。

高远所采用的分段购买法就是一个不错的方法。由于股票价格的波动很快，并且幅度较大，其预测是非常困难的。如果股民用全部资金一次性买进某种股票，当股票价格确实上涨时，他能赚取较大的价差；但若预测失误，股票价格不涨反跌，他就要蒙受较大的损失。“分段买高法”很好地规避了风险，也就是说，股民不能将所有的资金一次投入，而要根据股票的实际上涨情况，将资金分段逐步投入市场。这样一旦预测失误，股票价格出现下跌，也可以立即停止投入，以减少风险。

对于想买低点的股民来说，“分段买低法”就是个不错的选择，不在股票价格下跌时将全部资金一次投入，而根据股票价格下跌的情况分段逐步买入。股票的价格下跌是相对的，投资者可能一直以高价买入。这时如果贸然大量买入，很可能会遭受重大损失。一是股票价格可能继续下跌，二是股票价格即使回升，其回升幅度也难以预料。“分段买低法”就很好地规避了这种风险，一旦预测失误，投资者也可等待时机成熟时，用收益好的一批来解套。

相关链接

许多投资者买入股票非常随便。只要有股评人士推荐，或有利好传闻，就会毫不犹豫地购买。对于这些朋友来说，买股票比买菜还随意，结果可想而知，买入后他们大多会被套牢，然后只能一边抱怨一边苦苦等待解套。其实，如果他们在买入股票时能够掌握一些有效的规则并严格遵照执行，就可以大大提高获利的机会。下面就介绍几个有效的买入规则。

1. 趋势规则。在准备买入股票之前，首先应对大盘的运行趋势有个明确的判断。一般来说，绝大多数股票都随大盘趋势运行。大盘处于上升趋势时买入股票较易获利，而在顶部买入则好比“虎口拔牙”，下跌趋势中买入则“难有生还”。另外，投资者还要根据自己的资金实力制定投资策略，是做中长线还是短线，只有辨清这一点才能明确自己的操作行为，做到有的放矢。

2. 分批规则。在没有十足把握的情况下，投资者可采取分批买入和分散买入的方法，这样可以大大降低买入风险。另外，分批买入应根据自己的投资策略和资金情况有计划地实施。

3. 底部规则。中长线买入股票的最佳时机应在底部区域或股价刚突破底部上涨的初期，应该说这是风险最小的时候。短线操作要尽量考虑到短期底部和短期趋势的变化，做到快进快出，同时投入的资金量不要太大。

4. 强势规则。“强者恒强，弱者恒弱”是股票投资市场的一条重要规律。这一规律在买入股票时会对我们有所指导。遵照这一规则，我们应多参与强势市场，少参与弱势市场，在同板块、同价位的股票之间，应买入强势股和领涨股，而非弱势股或认为将补涨而价位低的股票。

5. 题材规则。要想在股市中特别是短期内获得更多的收益，关注市场题材的炒作和题材的转换是非常重要的。虽然各种题材层出不穷、转换较快，但仍具有一定的稳定性和规律性，只要能把握得当定会有丰厚的回报。我们买入股票时，在选定的股票之间应买入有题材的股票而放弃无题材的股票，并且要分清是主流题材还是短线题材。另外，有些题材是常炒常新，而有的题材则是过眼烟云，炒一次就完了，以后再难有吸引力，所以不要盲目选购这类题材股。

理财提醒

“分段买低法”比较适用于那些市场价格高于其内在价值的股票。如果股票的市场价格低于其内在价值，对于长线股民来说，可以一次完成投资，不必分段逐步投入。因为股票价格一般不可能低于其内在价值，其回升的可能性很大，如不及时买进，很可能会失去获利的机会。

不要把所有鸡蛋放在同一个篮子里——分散投资

45岁的范先生是一家小印刷厂的老板，已有4年的炒股经历。范先生具有灵活的商业头脑，经商多年，他总是能把经营风险降到最小。虽然他的厂子不大，但是承包的业务种类五花八门，给药厂印商标，给出版社印书，给学校印作业本，给一些商品印说明书……这些都是范先生的小印刷厂承包的活，虽然形式分散，但他总能保证有一定的利润流入自己的腰包。在股市上，范先生也是灵活买入，分散投资，不拘泥于一只股票上。

炒股4年来，范先生一直是选用分散投资的策略。在选股时，不是只买一家公司的股票。最多时，他手中持有了8只股票，这样风险就可被有效分散。而且，范先生不会把投资集中于同一产业板块上，这样也可降低一定的风险。在购买股票前，范先生都会把资金按照一定的比例分配好，然后根据自己的感觉和判断，按照风险的高低决定投资的多少。

2016年，范先生送儿子出国读书，他忽然感觉到开支明显增多，虽然之前已经做好了预算，但是高额的学费还是让他感觉到了压力。由于担心投资股市风险太高，本金无法保障，他准备从股市中撤出一半的资金投资于风险低的理财产品，用于补充儿子的教育经费。为了保险起见，他把一半的资金用来买了债券。这样，范先生的保障性投资部分和风险性投资部分就各占到了50%，他准备一直保持这个比例。后来股市大涨，范先生的股票赚了1万多元钱，为了保持自己之前定的投资分配比例，他又从股市撤出5000元资金，给儿子购买了教育类保险。

之后一段时间行情不错，范先生买的股票还在狂涨，这时他准备改变投资比例了，将后来股票赚的钱继续用于购买新股。事实证明这个战略性调整是正确的，在随后的一段时间里，范先生又在股市赚了2万元。这时他撤出1万元购买了基金。没过多久，股市行情就急转直下了，范先生的所有股票都停止了上涨，手里的5只股票有1只已经开始赔钱了，另外3只基本持平，还有1只股票仍然有微小的盈利。这样算下来，范先生虽有损失，但是还在可接受的范围内。而且之前他用股票收益追加了债券和基金投资，还给儿子买了一份保险，相比那些把所有赌注都压在股市的人来说，范先生可谓十分明智了。

此后，范先生又将自己的投资比例恢复到保障性投资部分和风险性投资部分各占50%，而且他一直沿用着自己炒股以来的"广撒网"策略，不光是购买不同公司、不同产业领域的股票，还要把以前比较固定的股票投资分散到其他投资领域，如债券、基金等。他不但有效地分散了资金，更重要的是在很大程度上降低了投资风险，而且能够保证一定的投资收入。现在，他对自己的经商与投资理念越来越自信了，他相信只要人够灵活，就永远不会陷入僵局。

案例点评

对于普通股民来说，如何降低炒股风险才是最关键的，因为一般散户承受不起股票大跌所带来的损失，所以要学会分散投资、分散风险。也就是说，要做到不要把所有鸡蛋都放在同一个篮子里，这样就能在一定程度上降低炒股的风险。

需要提醒的是，分散投资不是让你一次性投资十几只甚至几十只股票，因为人的精力毕竟是有限的，持股数目太多，你连看盘都忙不过来，而忙乱的结果就是无法掌握价格的变动趋势，不能提早做出正确的决策。而且对于普通股民来说，手中可以支配的资金有限，也不可能分散到太多只股票上。所以，你在分散投资时，需要从看中的十几只或者几十只股票中进行精选，找到 3 ~ 10 只你认为前景最好的股票进行投资，这样才能达到既分散风险又获取收益的目的。

另外，投资不是赌博，不可能让你短期暴富。所以，你应该像范先生一样对风险有深刻认识，不要盲目地将自己的资金全部投资于高风险的股市，而是要对资金进行合理的配置，分别投资股市、基金、债券等。这实际上也是在做分散投资，即分散投资于不同的金融领域，购买不同的理财产品。当然，为了让自己的投资规划更加合理，你不妨像范先生那样制定一个风险性投资与保障性投资的比例，灵活操作，效果就会更好了。

相关链接

为了规避风险，使股票投资的收益尽可能地最大化，以下三种方法或许对您有所帮助。

1. 固定投入法。

“固定投入法”是一种摊低股票购买成本的投资方法。采用这种方法时，关键是不要理会股票价格的波动，只要在一定时期固定投入相同数量的资金。这样经过一段时间后，高价股与低价股平均下来，使股票的购买成本基本维持在市场的平均水平。这是一种比较稳健的投资方法，对一些不愿冒太大风险，尤其是一些初次涉入股票市场、不具备股票买卖经验的股民来说比较适合。采用“固定投入法”能较有效地避免由于股市行情不稳带来的可能的较大风险，不至于让投资者损失过大；但这种做法收益也不会太高，一般只是平均水平。

2. 固定比例法。

“固定比例法”是指投资者采用固定比例的投资组合，以减少股票投资风险的一种投资策略。这里的投资组合一般分为两个部分，一部分是保障性的，主要由价格不易波动、收益较为稳定的债券和存款等构成；另一部分是风险性的，主要由价格变动频繁、收益变动较大的股票构成。两部分的比例是事先确定的，并且一经确定，就不再变动。但这种比例不是随意确定的，而是要根据投资者的目标和市场行情来进行合理安排。比如，如果投资者的目标偏重于价值增长，那么投资组合中风险性部分的比例就可以大些；如果投资者的目标偏重于保值，那么投资组合中保障性部分的比例可以大些。

3. 可变比例法。

“可变比例法”是指投资者采用的投资组合的比例随股票价格涨跌而变化的一种投资策略。它的基础是股票的预期价格走势线。投资者可根据股票价格在预期价格走势上的变化，确定股票的买卖，从而使投资组合的比例发生变化。当股票价格高于预期价格时，就卖出股票买进其他理财产品；反之，则买入股票并相应卖出其他理财产品。一般来讲，股票预期价格走势看涨时，投资组合中的风险性部分比例增大；股票预期价格走势看跌时，投资组合中的保障性部分比例增大。但无论哪一种情况，两部分的比例都是不断变化着的。

理财提醒

除股票投资可以采取分散投资来降低风险外，投资其他理财产品也可以采用这种方法。比如，投资债券时可以分散投资长期债券、短期债券；投资基金时也可以分散投资债券型基金、混合型基金、股票指数型基金。当然，在分散投资时同样要注意，不能为了分散而分散，而是要合理取舍，尽量不要选择关联性高的不同平台，这样才能真正达到分散风险的目的。

第八章

收藏理财

收藏投资是一种较长期的行为，要注重藏品的发行量、存世量、需求量、炒作因素、题材种类、时间因素等。而且，收藏投资与其他投资一样具有风险，它可以让你“一鸣惊人”，也可以让你“一沉到底”，所以投资者一定要小心鉴别、辨明真伪，才不会在大量的伪品中“翻船”。

方寸之间蕴含大文章——集邮

35 岁的顾海涛已经结婚 7 年了，也正是从结婚的那一年起，他开始集邮。在他眼里，每一枚邮票都是一件小型艺术品，票面上有周密的构思，生动的形态，美丽的图案，鲜明的色彩，还富有深刻的内涵，满足了他对艺术品位的追求。另外，由于一些邮票可以增值，坚持长期收集，也相当于积攒了一笔可观的财富。

又是一个阳光明媚的下午，顾海涛拿到了一本新的邮册。他像看一本新书那样翻阅起来。他先从前至后大体浏览了一遍，然后细细品味自己喜欢的票面，如黄山奇景、泰山云海、武夷风光等；还有一些珍贵的古代画卷，如《昭陵六骏图》《洛神赋图》等，更是让他爱不释手，百看不厌。

顾海涛不但享受着邮票给他带来的精神财富，还拥有了邮票给他带来的物质财富。他在邮票上的投资收益不断给他制造惊喜，2017 年的年收益达到了他全年总收益的 50% 以上，他在邮市赚的钱比他爱人在股市上赚的还要多。

在集邮时，顾海涛通常会把自己已有的藏品和相同或相近的邮票进行对比，比版式、比设计的变化、比工艺特色等。在邮票的题材方面，有名人系列、名著系列、名画系列、名花系列和山水风光系列等。他会从邮票题材的选择、创作、设计、构思的特点进行比较和研究，观察这一套与那一套、这一枚与那一枚有何异同。正是因为经常进行这样的比较工作，他的鉴别能力日益提升。

当然，集邮大环境不时会发生变化，行情有高潮，也有低潮。顾海涛在集邮时从不让这种“大气候”左右自己的心情和决策，他不会在行情高潮时，就冲昏头脑盲目跟进，也不会在低潮时就丧失信心。他的心态一直都非常平稳，他认为集邮是一种高尚的陶冶情操的文化活动，邮市变化无常，他不想花费太多心思去琢磨。每次购买和交换邮票时，他都要选择可靠诚实的交易对象，如果持有邮票的人他信不过，再好的邮票他也不会购买。而在觅购所缺的邮品时，他更是坚持“四平八稳”的原则，始终保持头脑冷静清醒。特别是遇上较珍贵的邮品时，更是谨慎行事，因为他知道，在经济利益的驱使下，无良邮贩会以假乱真、以次充好来坑蒙集邮者。

在刚开始集邮时，顾海涛无论新旧票还是盖销票，无论本国票还是外国票，封、片、张、简、戳，都是来者不拒，实行兼收并蓄。当邮票越集越多时，他就开始学着从同类和同样的票品中，以十里挑一的办法，挑出品相好、较珍贵的邮票收藏。编组邮集时，他也是在一大堆邮票中挑选最能表现邮集主题的放进去。后来邮票多了，组集素材丰富，编组若干个邮集时，他也并不平均使力去组集，而是挑选自己最熟悉的或与自己的学科、专业、行业有密切联系的主题去构思，精心选定编组邮集的目标和方向。当邮集主题确定后，顾海涛就考虑选用标题，初时都是先多拟几个，然后听听同好和资深集邮人的意见再做抉择。而且他很注重邮集主题的标新立异，经常会反复思考同样一类邮集，如何做到“人无我有、人有我新”。如此经过反复推敲后，顾海涛才会选定一个有新意的命题作为邮集的标题。

从2013年开始，“中国梦”邮票系列一面市就受到了不少藏友的喜爱，特别是2015年发行的中国梦大版票更是意义非凡，在市场上备受追捧。一直关注着邮票市场的顾海涛没有错过这个系列的邮票。早在第一组邮票《中国梦——国家富强》发行时，他就想办法购买到了2套，结果没过几天，邮票的价格就上涨了近5倍。第二组邮票《中国梦——民族振兴》发行时，顾海涛抢先出手，买到了5套邮票。现在，这些邮票也成为他集邮册中的一大亮点。如今，他依旧喜欢在阳光明媚的下午把这些集邮册拿出来细细地品味，那种趣味让他很是享受。

案例点评

集邮是以收集、整理、鉴赏、研究邮票为主的收藏活动。人们一般认为集邮就是对邮票的收集、整理和研究，其实集邮活动的内容非常丰富，还涉及与邮票及邮政业务有关的其他的收集品，包括首日封、实寄封、首航封、邮资信封、明信片、邮简、邮戳、邮政单式签条、邮政和集邮史料等。

集邮是一种升值空间巨大的投资项目，集邮的过程其实也是投资理财的过程。有些集邮爱好者投资邮市已经有很多年了，也从中获得了丰厚的收益。当然，也有邮品被“套牢”的时候。因此，我们需要在集邮之前掌握一些行之有效的方法，如顾海涛的对比法、四平八稳法和十里挑一法就值得广大集邮爱好者学习。

首先，集邮需要经常比较。俗话说：“不怕不识货，就怕货比货。”经过不断的比较和综合分析，才能提升自己品鉴邮票的水平，找到更有收藏价值和投资价值的邮票。其次，集邮者心态要稳定，要稳扎稳打，“任凭风浪起，稳坐钓鱼船”。许多好的邮票往往是可遇而不可求的，一旦遇上自己渴望多时的邮票，千万不要冲动，如果不假思索地掏了腰包，事后却发现所购的邮票竟是假的，就得不偿失了。最后，制作邮集要学会精选、创新，要做到十里挑一，选择最有特色的邮票上集，这样才能够做到“人无我有、人有我新”。

集邮不单是收集和收藏邮票，更重要的是利用它获得收益。这种收益并不局限于物质所得，更重要的是精神收获。当邮票收到手后，要学会欣赏和研究，去“读”邮票，去挖掘方寸之间蕴含的大道理，让邮票为自己的生活带来精神与物质的双丰收。

相关链接

邮票也有“保值”“增值”的作用。邮票投资与金银纪念币同属一个市场，这个市场投资风险较大，但回报率也是相当可观的。投资者要想在这个市场上获得高额利润，应该注意以下几点。

1. 在周期性的市场低点切入，高点抛出，绝对不要买涨不买跌，更不可急红了眼，追求高利润或急于回本，盲目追高。

2. 高档邮品虽然投资本钱大，但通常价钱上涨快，回报当然也就高。

3. 当某种邮票价格刚启动时，要紧紧跟上，买进后随着价位的不断上扬，再适时抛出。但对于一些发行量大、价格萎缩的邮票，则应小心从事。

4. 要精心选择品种，选择品相良好、升值空间大的精品，切不可碰“垃圾邮品”。

5. 发行量小的邮票买后稳赚，而发行量大的邮票升值时间会很长。

6. 要有打持久战的准备，切不可三天打鱼，两天晒网。价格涨时，不盲目跟入；价格跌时，也不怨天尤人，保持平静的心态最重要。

理财提醒

邮票的品相对于邮票的价值有很大的影响，所以平时一定要注意做好邮票的保管工作，以免破坏品相而影响了邮票的“身价”。为此，集邮者一定要重视做好防潮工作，将邮票插册的时候最好先将其装进透明的护邮袋里。另外，平时如果想要欣赏自己珍藏的邮票，尽量不要用手去拿，以免手上的汗液污染票面，最好准备些专门用来夹邮票的镊子，小心轻夹，才能尽可能减少对邮票品相的损坏。

小小古钱币，带来高收益

傅家俊从上小学起就对古币很感兴趣，而且他酷爱历史，总是能够根据自己丰富的历史知识与经验判别出古币的价值与真伪。如今45岁的他依然保持着对古币收藏的那份执着，而古币也给他带来了丰厚的收益。仅去年一年，傅家俊就通过买卖古币赚到了10万元。对于古币收藏，他可是感触颇深。

傅家俊认为，在收藏古币之前，首先要弄清其历史价值。珍稀古币是历史的产物，更是历史的见证。因此在收藏前有必要弄清它在历史上的地位。其次要了解这种古币的现存数量。要遵循“物以稀为贵”的集藏原则，既要看年代是否久远、流通时间的长短，更要看存世量的多少。此外还要看文化价值，一些传世的数量并不太少的品类，因其文化品位、艺术价值极高也会备受市场青睐。

对于钱文字体，傅家俊也颇有研究。每个朝代的文字各有特征，他正是将这些特征作为鉴定古币真伪的依据之一。要鉴别钱文字体，首先要看它是否合乎时代特征，然后再看它是否合乎其自身应有之特点。傅家俊通过多年的古币收藏，总结出了不同朝代、不同时期的钱文特点，并在实践中得到了验证。

傅家俊对于常见的几种古币作假手法也颇为熟悉。现在比较普遍采用的作假手法就是翻砂，即以真钱作模或以质地较软的木头、石头等雕刻成古钱的模型来翻砂，这种“翻版作品”除直径比真钱稍小外，在文字、形制上并无差异。还有一种常用造假手法就是补挖，将普通古钱挖去全部或部分文字，用铜片贴补后在上面刻上稀世珍品上的文字。还有的是挖去古币部分文字的笔画，使之重生为稀世珍品。另一种造假方式就是改刻，选用厚重的普通古币，磨去原有的文字，改刻为稀世品上的文字，使之增值。另外，造锈的手法也比较常见，在钱币上造绿色假锈、红色假锈和蓝色假锈等。

在收藏时，傅家俊也很在意钱币的完好度。他通过这么多年的收藏经验得知，古币的投资价值、价值增幅大小与品相密切相关，同一种钱币若有品相差异，价格之差有可能高达十几倍甚至几十倍、上百倍，足见品相的重要。无论钱币珍罕与否，凡有币面模糊、轮廓缺损、锈蚀严重、外观较差者，尽量不收藏。收藏古币时还要注意是否有月纹、星纹等标识，古钱的鉴别以背文来区分铸造年代和地址，品评其珍稀程度。一般来说，钱币背面有月纹、星纹等记号的要比背部光面的更有收藏价值。在值得收藏的钱币中，用金、银、白铜等精制而成的宫廷钱币，铸量少，质量佳，属珍贵文物。

如今，傅家俊依然在继续着他的古币收藏，也继续积累着自己的收藏经验，也享受着古币带来的丰厚收益。

案例点评

近年来，收藏古币的人越来越多，几乎遍布社会各个阶层。收藏钱币既能陶冶情操、增长知识，同时又能带来经济效益。虽然钱币增值没那么快，但从总的趋势来讲，钱币收藏的经济价值是向好的。全国各地的钱币市场大致相同，每个省市基本都有钱币商店，出售古钱币、银币、纸币、纪念币等。除了钱币商店以外，大多数省会都有钱币交易市场。

但是，并非所有的古币都具有收藏价值，收藏古币时有必要掌握一定的识别技巧。但是，古币收藏涉及的知识比较多，入门比较难。因此，在进行经济投资的同时首先要做一些知识投资，如买一些古代钱谱方面的图书，向专家学习钱币的形制、轻重、大小、色泽、成分、文字、铸造年代、制作技术、真伪辨别等知识。

我国是世界上最早拥有铸钱技术的国家，但古币的铸造在历史资料中鲜见记载，我们只能根据实物去考证和鉴赏。而今古币市场极其活跃，因为利润大，加之造假工艺并不太难，故而古币作伪几乎成了公开行当，有些假的古币一般的收藏者很难辨别出来。因此，经验的积累和识别造假的能力就显得至关重要了。

相关链接

现在喜欢集藏古币的人越来越多，其中当然也不乏鉴定古币的高手，但不少人是初入此行的新手，对古币了解不多。那么，怎么判断哪种古币更有收藏价值呢？这里简单介绍几种方法。

1. 看铸币材料。古币的铸造材料主要是黄铜，也曾出现过铁等其他材质的钱币。另外，还有用金、银、玳瑁、白铜等材料精制的宫廷钱币，形制较大，钱体也较厚，当属皇家喜庆用钱，这种钱币铸量非常少，质量极佳，价格远非黄铜、铁制钱能够所比。

2. 看钱币形制。古币的造型多种多样，有布、刀、蚁鼻、腰牌、圆形方孔钱等。布、刀、蚁鼻钱由于年代古老，又较圆形钱稀少，因此价格都较昂贵，很多可达几千元乃至上万元。南宋的腰牌钱，形状怪异，每枚价格也在数千元以上。另外，古钱币的大小也有不同，从小到大可分为小平、折二、折三、折五、折十。一般来说，钱体越大，价格越贵。

3. 看铸币时间。总体上，五代十国以前的钱币比唐朝以后的珍贵，但也有例外，如秦半两、汉五铢由于出土次数多，存世量大，价格比较低廉，而唐朝的大历元宝、建中通宝，宋朝的靖康通宝，清朝的祺祥通宝等，由于发行数量少，流通时间短，因此价格高昂，每枚价格都在千元以上。

4. 看铸币政权。农民起义铸币和地域性政权铸币是我国钱币史上的特殊品种，前者因为时间短，发行数量少，价格普遍较高，特别是唐朝黄巢起义时所铸“大齐通宝”，一直被收藏家们视作无价之宝。地域性政权发行货币的流通时间也相当短，加上流通范围狭小，所铸货币价值不菲。另外，元朝由于改行纸钞，铜币发行量较少，故价格也较高。

5. 看钱币背文。古币（除清代）的背部多为光面，也有少数有星纹、月纹、四出纹、祥云纹、瑞雀纹等特殊记号和表示钱监、铸造年代的文字。这种钱币较背部为光面的要贵得多。

6. 异版钱。这种钱比较稀少，连较常见的合背（就是钱正面和背面的文字完全一样）价格一般也可达普通古币的数十倍。

理财提醒

古币品相至关重要。一枚古币既稀有，同时又具备良好的品相，那是再好不过的了。否则，钱文虽然特殊，但面目不清，锈成一团，收藏价值和珍贵程度就会大大降低。

不断升值的家具——古旧家具

广州的廖先生开了一家收购和出售古旧家具的家具店。在他店里出售的旧家具，有些是高价到民间收集来的，有的则是附近的老市民看到广告自己送到店里来换新家具或卖的。其中有些雕花家具刀法极为精细，不但实用，还有很高的审美价值。

近年来，古旧家具收藏市场长盛不衰，特别是明清古典家具在市场上颇受青睐，市场价升值十几倍、几十倍甚至上百倍的很多。2010 年的一次明清古典家具拍卖会上，一件明代宫廷御制的黄花梨交椅拍出了 6200 万元人民币的高价。2013 年，清乾隆紫檀四件柜拍出了 9315 万元的高价。据说这些家具转手到国际市场，身价还会倍增。

廖先生虽然没有经手过价格如此高昂的家具，但他也确实见证了很多古旧家具被买家追捧的实例。比如，一些以前价格为 5000 元左右的旧家具，目前价格为 1.2 万元到 1.5 万元，部分过去 100 元能买到的小摆件，现在没有 500 元到 700 元很难买到手。廖先生说："旧家具如果木头好、手工精、年代久会很值钱，有些价格甚至比同种木料手工的仿古新家具高出四五倍都不止。"

廖先生发现，近几年的红木旧家具收藏回收有很大的获利空间。与古朴端庄的明清家具不同，我国最早的红木家具由于受西方文化的影响，带有浓重的欧美情调。因为是在上海率先设计和制作，所以早期的红木家具被称为"海派红木家具"。严格来说，它目前还够不上古董的资格，但由于存世量小，其价格将会一路上涨，很有收藏价值。廖先生的店里就有一套19世纪20年代产的双开门衣柜，当时市值不过3000元左右，现在它的价格已升至约2.5万元。还有一对生产于19世纪30年代的小洋椅，价格也从当时的500元左右升至4000元，由此可见，海派红木家具的确很值得投资。

现在市面上的红木家具被称为“新红木家具”，大多生产于19世纪80年代，其材质多为花梨木，做工精细，美观耐用，价格也比较适中。廖先生认为，如果从收藏的角度考虑，买上一套红木家具远比买仿西式家具要有升值潜力。这也不失为一个可行的投资项目。买一套红木沙发价格一般在1万元以上，而一套仿西式羊皮沙发也是这个价格，几十年后，仿西式羊皮沙发早已成为破烂一堆，而红木沙发的价格则很有可能上涨到以前的几倍甚至更多。所以，廖先生一直提倡买家具要首选红木家具。

廖先生的家具店里也有一些明清时期的家具。由于近几年明清家具升值快，价格高，有暴利可图，因而市面上“伪作”泛滥，有些不法投机者竟然雇用一批略有手艺的工人流水线作业，每天都能制造出数量不菲的“明清家具”。所以，廖先生在收购明清家具时，都要先仔细地辨别其真伪。首先是看家具的“旧”是否为人工伪造。人工制造出来的“旧”和家具自然古朴的“旧”只要仔细一看就能看出来。其次是家具的“味”。真品有一种淡淡的若有若无的木香，而伪品的味道则较为浓重，有些甚至是漆料的味道，会有刺鼻的感觉。最后是辨别家具的“损”。真正的明清家具稍有磨损是正常的，而伪品则大多品相完整，即使有一些瑕疵，但仔细看还是能够看出来是“加工”过的。

另外，廖先生对于家具的保养也是很在意的。虽说一些古旧家具木质好，经得住风雨，但也要精心保养，所以廖先生总是注意保持自己的仓库和店面的湿度，既不能太潮湿，也不能太干燥。

前不久，廖先生刚出手了一套19世纪20年代产的红木家具，净赚1.5

万元。他说，要不是那套家具太占地方，他还会继续持有的，但他也不惋惜，因为收藏古旧家具本来就是这样，大家各取所需，互惠互利。

案例点评

廖先生的家具店很好地反映了目前古旧家具的收藏行情。明清家具历来是海内外收藏爱好者的一个重要投资领域。近年来，海外的中国明清家具交易市场十分活跃，价格一升再升，不少外国人甚至不远万里来到我国农村地区，只为了能在民间买到真正的明清家具。正是因为明清家具具有选材精、造工绝、造型美、坚固耐用等特点，使得其具有了鉴赏、实用和保值等多种功能，才会受到收藏家的追捧。其中明代家具大多古朴端庄，线条优美，做工精湛，大方严谨，而清代家具则在造型庄重，装饰丰富的基础上进一步弘扬了“木雕”文化，这已成为一种艺术。

相对于古朴端庄的明清家具，红木家具也成了现代业余收藏者的“新宠”，虽然它称不上“古”，但红木旧家具相对于其他材质的旧家具会有很大的升值空间。就像廖先生所说的，与其买一件其他材质的家具等待它几年后成为破烂扔掉，还不如买一套相同价位但可保值升值的红木家具，这样我们并不需要刻意地投资，但还是会在无形之间就赚了一笔。

相关链接

古旧家具收藏现在已经成为投资理财的热门领域之一，但想要收藏到真正具有很高价值的家具，也不是一件容易的事情，因为它需要投资者具备一定的眼光和经济实力。那么，什么样的古旧家具最有收藏价值呢？一般来说，古家具的价值取决于以下五个方面。

1. 材质。材质通常排列是：一黄（黄花梨），二黑（紫檀），三红（老红木、鸡翅木、铁力木、花梨木等），四白（楠木、榉木、樟木、松木等）。

2. 年代。年代是指家具加工日期，不同年代有不同的特征，有不同的艺术价值。而年代因素可以从家具采用的风格和款式中进行辨别。

3. 工艺。工艺包括两个方面，一是家具的结构与造型；二是家具表面的装饰工艺，如雕刻、镶嵌、打磨等。

4. 门类。门类一般来讲，分为厅堂家具、书斋家具和卧室家具。除上述三类外，还有一类闺房家具值得重视，如贵妃榻、鼓桌、鼓凳、香几、琴桌等包括其中。

5. 完整性。完整性强调家具为全套（厅、房、书斋陈设齐全为一套），另外辨别完整性还要看每件家具是否残缺。综观各省、市收藏品市场，现在已经很难找到大全套完整优质木的旧家具了。不过也正因如此，这类家具才会物以稀为贵，备受收藏家青睐。

理财提醒

不要在收藏的古、旧家具中放卫生球（樟脑丸），那会损害它的天然木香味。如果怕生虫，可以用棉球沾一点白酒轻轻擦拭，但一个月最多一次，否则会影响木头的坚韧度。

追求高品质艺术享受的同时获得高回报——字画收藏

53 岁的梁先生收藏书画已有 20 多年的历史了，他也获得了显著的成绩。在他的收藏品中，油画、版画、中国画、书法作品一应俱全，几乎囊括了中西方书画的所有品种。他收藏这些书画艺术品的时候，并不看重作者有没有名气、是否有响亮的头衔，而是更在乎作品本身的艺术价值高低。也正是因为这样，梁先生经常能够用较低的价格收藏到非常珍贵的艺术品，并能够借助这些艺术品的升值收获巨大的经济利益。

2013 年，梁先生的一个朋友问他是否想要收藏一副行草。梁先生仔细地对这幅作品鉴赏了一番，非常喜爱。他问朋友愿意以什么价格转让，朋友满不在乎地说："这个作者是刻印家出身，在书法领域没有名气，我也就是收藏着玩玩，你愿意要，随便出个价吧。"梁先生想了想，就提出按照同等尺寸书法作品的最高价 9000 元交易。对于这个价格，朋友十分满意，连连感谢梁先生。梁先生便珍而重之地将这幅作品收藏了起来。2017 年，他带着这幅作品来到某拍卖会，以 1.5 万元的价格"放出"，结果竞价者无数，最终这幅书法以 4.5 万元的价格成交。除去佣金外，梁先生几乎获得了 5 倍的收益。这件事被那位朋友知道后，不免后悔不已，但他也不得不承认，梁先生在艺术品收藏方面的眼光无人能及。

梁先生之所以能取得如此好的"战绩"，与他对字画的理解和对收藏字画的经验是分不开的。梁先生认为，名家之作固然有收藏投资价值，价格会节节上升，但其“基价”也高，不是普通老百姓能买得起的，就如他自己开始接触收藏时没有太多本钱，也是从“便宜”买起。但这种“便宜”靠的可是眼光和机遇。比如，几年前，他注意到一位年轻画家的作品，当时因为画家本人毫无名气，被收藏家忽视，作品价格甚至低至每平方尺 100 元。但梁先生却认为该画家的作品笔触灵秀、意境深远，一定有收藏价值，所以一下子买入 40 多幅。果然，现在该画家的作品市场价格已升到每平方尺 4000 元以上。

有了一定资本后，梁先生也会收藏一些大家的字画。他总结出了一个规律，越是名家，作品在其去世后越会升值，如徐悲鸿、张大千、黄宾虹等人，他们的作品在生前就已经很值钱了，去世后更是价格大涨。所以，梁先生认为，名家的作品下手越早越好。

另外，对于古人的字画，梁先生说，许多大画家都有劣作，有的是为应酬所画，有的是少年时的涂鸦之作，假如有两幅画一起被拍卖，一幅是明代大师为应酬所画，一幅也是明代的作品，画得非常好，但作者没什么名气，拍卖的结果自然是那位大师的作品很快以高价卖出。这说明古字画的价格主要由作者的名气决定，名气越大，价格越高。

此外，梁先生还发现字画价格还与成交的季节有一定关系，古字画的价格规律是春季卖价高，夏季价格平稳，冬季特别是岁尾价格偏低，尤其是春节前一段时间，是投资的最佳时机。此外，字画价格还会受裱糊情况的影响，原裱的字画即使小有瑕疵，也远远要比经过揭裱的干净字画值钱。所以凡是修补过的字画，价格都会大打折扣。

如今，梁先生继续着字画收藏，他认为字画是精美的艺术品，而且在追求高品质艺术享受的同时还会获得高回报，所以他会始终如一地坚持下去。

案例点评

书画成了近年收藏市场的一大热门，价格不断创出新高，但其中也蕴含着一定泡沫和风险，普通投资者一不小心就很容易买到赝品，让自己损失惨重。那么，为什么梁先生能收藏、投资两得意？“奥秘”就在于他坚持几点：买画不买贵，靠眼力和机遇；坚持真、精、新，即买真品、精品和保存完整的作品；保持藏品的流通性，不然藏品就“死”了，没有活力。

在这几点中，树立精品意识最为重要。书画名家在艺术史上的地位，是以其精品来评定的。而精品往往是艺术家在身体状况和心态情绪颇佳的情况下，艺术水平超常发挥时创作出来的不可重复的作品，精品常常是百中出一，可遇而不可求的，其长期的增值幅度往往是一般作品的数倍，因此有“精品难求”一说。精品在艺术市场上往往稍纵即逝，如有幸遇到，理应当仁不让，势在必得。但是，对于业余收藏爱好者或经济条件欠佳者来说，要力争投资收藏大名家的作品确实有一定的难度。而中小名家中不乏具有“成长性”的作品，有的甚至会有“黑马效应”，他们的作品市场价位相对较低，并有可能收藏到其精品，较适合工薪阶层的购藏，而不利之处在于其艺术地位不稳定，良莠不齐，投资收藏也会有一些风险。所以一定要注意鉴别，并要熟知艺术家的艺术特点，这样才有可能在众多的艺术作品中做出理性的选择。

相关链接

购求和收藏名家书画是自古以来的高雅盛事，而今天又逐渐走向大众化，收藏者队伍不断壮大，其中不乏工薪阶层和普通百姓。那么，收藏书画应注意哪些问题呢？以下几点或许对你有帮助。

1. 真假问题。书画市场赝品泛滥，购买名家书画时，应请行家掌眼，以防买来假货。所以最稳妥的办法是直接从书画家手中购求。

2. 价格问题。名家书画的定价似乎不受国家物价部门的约束。书画市场漫天要价的现象非常普遍。所以在购买名家书画时，首先要了解行情，或请内行把关，以免上当。

3. 水平问题。书画艺术水平的高低是衡量其收藏价值的基本因素。名家之作也未必幅幅都是精品，如应酬之作、败笔之作便无法体现其应有的艺术水平，因而与精品的价值也大相径庭。

4. 尺幅问题。名家书画的销售有的以幅为计价单位（幅是指常规幅面，即不小于四尺三开者），有的则以平方尺为计价单位。所以同一位名家的作品，幅面越大，其价值越高。如幅面小于四尺三开的小品，其价值就不能与常规幅面的书画相提并论。

5. 品相问题。品相是指书画的“相貌状况”，即幅面是否完整、画面是否干净、墨色是否有脱落或润化现象，以及陈旧程度等，这些都是影响书画价值的重要因素。如果购买古旧书画，更应注意品相问题。

理财提醒

对于字画而言，千万不能以价论真伪，大多数商品是假货比真货便宜，字画则不然，有些不法投机分子为了用假货迷惑收藏者，往往狮子大开口，先在心理上让人认为“假的不会这么贵”，造成一种“这是真品”的假象，以获得暴利，收藏者对这一点要尤其警惕。

在玩赏中追求财富——古玩收藏

50岁的老董是一位古玩收藏的老玩家了，他收藏的范围五花八门，印章、烟具、铜器、文房四宝、牙雕、古董表、古钱币、字画……他都有收集。起初只是看着有些物件好玩，就买了下来，有些虽好，但无奈资金有限，就只能眼睁睁地看着。后来有了些收藏经验，也收藏了不少值钱的物件，就跟其他的收藏爱好者互换有无。再后来也摸准了市场行情，就通过收藏古玩赚了不少钱。

要说老董的收藏故事，还要从他刚刚入行开始说起。那时老董年轻，没什么经验。于是就靠熟悉历史增加底气。古董文物浩如烟海，如果没有一定的文史知识而轻易涉足收藏，将会交出更多的“学费”。因此，老董也开始研究中国的历史，特别是纪年表、天干地支和历代帝王年号等。同时根据自己收藏的种类，阅读了解诸如绘画史、陶瓷史、钱币史等相关藏品的发展历史及其传承和脉络，为提高自己的鉴赏能力打下基础。

开始收藏时，老董都是以自己的兴趣爱好为导向，经常参加一些拍卖会，逛逛古玩店、博物馆，甚至旧货地摊，抽出时间到外地的收藏品市场或一些古玩生意人的家中走走。由于还是新手，老董始终牢记“三多一少”，即多看、多听、多聊、少买，使自己的鉴赏水平在不断的收藏实践中得到一定的积累和提高，然后逐步向投资发展。由于古玩文物范围广、种类多，因此老董根据个人爱好先选择2～3个类别作为投资主体，以便集中精力研究相关知识。由于古玩市场上假货、赝品混迹其间，一不小心看走眼就会上当。所以，除不断提高专业知识外，老董主要选择以小件精品入手，这样不至于遭受较大损失。

后来走的地儿也多了，老董发现收藏界还存在着某一个时期的藏品偏好及不同地域带来的价格差别。例如，目前许多人对“清三代”即康熙、雍正、乾隆年代的收藏品比较偏好，其收藏价格自然较高；另外，如齐白石、张大千、徐悲鸿等在中国乃至海外都公认的大家，他们的作品被称为“硬通货”，圈内行情比较坚挺。而一些省、市地方上的名家的作品，则存在地域性的影响，在本地更容易受到追捧，也更容易变现。

另外，老董还特别仔细学习了《中华人民共和国文物保护法》，对于国家禁止在市场上买卖或禁止流向国外的古玩文物，他从不投资。

如今，老董依然保持着他那颗好奇心，看到好玩的物件就忍不住拿过来端详一番，还经常把家中收藏的古玩物拿出来玩赏。古玩收藏给他的生活带来了乐趣，也带来了财富，他把这些财富都用于继续购买古玩，新的古玩又给他带来新的财富，如此形成了一个收藏＋理财投资的良性循环。

案例点评

随着人民生活水平的改善和文化素养的日益提高，收藏不再是“阳春白雪，曲高和寡”，而是越来越成为大众喜爱的文化享受和一种新的投资，社会上亦形成了“盛世收藏热”。但是，投资收藏是有风险的，作为一个新手，如何积累经验、规避风险，以便稳妥涉足这个领域呢？从老董的“收藏经”中我们不难看出，“三多一少逐步入行”“地域价差值得关注”“法律禁区不宜玩火”绝对是几条不错的经验。

古玩虽是文人墨客的玩赏之物，但市场经济以来，出现了以获利为目的的大批人群，这是新形势下的必然结果。靠玩古和藏古成为大款的有之，养家糊口者也大有人在，总之是个有利可图的行业。当你涉入古玩收藏行业以后，不论时间长短、道法深浅，看到千姿百态的世间珍品，你的感叹就会油然而生，深感所学知识的浅薄和贫乏，作为普通老百姓，要想涉足古玩收藏，首先应当主动学习一些历史、文学及收藏知识。而在购买时也要多看、多听、多聊、少买。另外，任何收藏品都有其地域性的价格差别，初涉收藏者要注意这些现象。需要提醒的是，对古玩文物进行投资买卖一定要熟悉国家相关的法律法规，违法的事情千万不能干。

相关链接

对于古玩收藏爱好者来说，必须根据需要去不断地学习古董知识。概括来说，学习的途径主要有以下三种。

1. 书本。不少投资者看过很多与古董有关的书籍，但那些最成功的投资者在看书的时候也是有别于其他人的。他们看到书上的一件物品不但会看东西本身，还会根据年代、工艺、材质等产生联想，会根据所看到的大量的同一时期的作品，去总结这一时期的作品的共同特点。并且还能根据书本上的理论知识去总结，所以往往能够看到别人不太注意的细枝末节。

2. 实物。投资者平时可以多去博物馆观赏那些有确切出土年代，或是流传有序的展品。那些展品是可以作为鉴定中的标准器来使用的，用展品去比较自己手中的东西，往往更容易发现问题。不仅如此，由于一件古董在经过百年、千年后，一定会和原来的初始状态产生一定的差异，而博物馆里有复原的古董，则更有利于收藏者了解古董的变化过程。

3. 交谈。因为古董本身千奇百怪，鉴定古董的方法也是光怪陆离，五花八门，每一个人鉴定的时候都会有一套自己比较熟悉的、常用的方法。他们不可能面面俱到，也不会系统地总结，无法根据一两点即做出判断，这也是为什么一件假货偶尔也能骗过行家的根本原因。聪明的投资者知道这一点后，就会不断地去和卖主交谈，同收藏者、学者去交谈，从而总结出鉴定一类物品的最全面的基本规律，以求增加经验，避免上当。

理财提醒

在进行古玩投资的过程中，投资者一定要注意保持心态稳定，因为投资古董看中的是未来增值的潜力。它和短线投资截然不同，不适合在短时间内快入快出，所以在购进自己看中的古董后，最好有五年、十年长线持有的准备，对于其中发生的涨涨跌跌则要看淡一些，不要操之过急，以免做出错误的决策。

第九章

家庭理财

个人的成功，脱离不了社会，也脱离不了家庭。个人理财的成功与否亦然。大多数人已经意识到，理财能否成功依赖的不仅仅是自己高超的理财智商，还依赖你的伴侣、长辈、晚辈的共同参与，有了他们的参加，无疑为你的成功理财装上了一个助推器。

单身“月光族”理财三部曲

小黄大学毕业两年了，在一家企业做营销助理，月薪4000元。每月房租1200元，交通费300元，生活费及其他开销1000元，共计支出2500元，剩余的1500元全被花掉。他目前单身，没有任何家庭负担，成了地道的“月光族”。2018年，小黄交了女朋友，两人感情甚好，结婚的问题即将提上日程。这时小黄开始盘算自己是不是该买房了，可是他也知道自己工作后几乎没有任何积蓄，连按揭买房最基本的首付款都不够。而且由于他花钱过于随意，往往前半个月潇洒大方，后半个月就捉襟见肘。

于是，小黄为了今后结婚打算，准备开始理财。但有了钱才能理财，他的当务之急就是聚财，所以他准备每月把工资的四分之一纳入个人储蓄计划。他决定采用“滚雪球”这种巧妙的方法，每月将余钱存一年定期存款，一年下来，手中正好有12张存单。这样，不管哪个月急用钱都可取出当月到期的存款。如果不需用钱，则可将到期的存款连同利息及手头的余钱接着转存一年定期。而且现在银行都推出了自动转存服务，在储蓄时，与银行约定进行自动转存。这样做，一方面避免了存款到期后没有及时转存，逾期部分按活期计息的损失；另一方面存款到期后不久，如遇利率下调，未约定自动转存的，再存时就要按下调后利率计息，而自动转存的，就能按下调前较高的利率计息；如到期后遇利率上调，也可取出后再存。

第二步就是开源节流。首先要从记账开始，小黄每月都要对自己该采购的东西做一次仔细的清点，如服装、日用品等，并用一个专用本子记上，然后到已经了解过行情的市场，按计划进行采购。这样就不会盲目买东西，同时还能改掉乱花钱的不良习惯。小黄知道，勤俭节约是减少日常开支的一个重要环节。其实，日常生活中很多费用是可以节约的，这些金额看似不起眼，但长年累月坚持下来，可是一大笔钱。例如，到餐厅里去吃吃喝喝十分花钱，自己在家做菜就可以节省好大一笔费用。不仅如此，小黄还杜绝了信用卡消费的习惯，坚持以现金付账，对于那种可有可无，却要以半个月薪水买下来的东西坚决不买。

第三步就是尝试投资，经过一段时间的积累和开源节流，小黄已拥有了一定的存款，此时理财的重点便转向投资。目前大部分银行都代销各种基金，很多基金的投资下限只有1000元，起点低，便于随时购买，很适合小黄目前工作忙碌的状况。另外，多元化投资是基金运作的一个重要策略，普通投资者由于某些原因很难做到这一点。而基金管理人员可根据不同的投资策略，科学合理分配资金比例，投资于不同的证券品种，从而做到低风险、高回报。小黄拿出5000元存款购买了投资基金。

通过两三年的积累与投资理财，27岁的小黄手头已经积攒了几万元存款。他还投资了一款“定期定额”基金，这样就可以产生聚沙成塔的效果了。现在的他已经彻底告别了“月光族”的生活，在理财路上越走越自信了。

案例点评

作为刚走入社会的“新鲜人”，大多数毕业后走上工作岗位的大学生还不需要负担家庭的开支，因此大部分人都花钱没数，成了“月光族”，等到真正要用到钱的时候，又会后悔当初，所以已经有越来越多的“月光族”走上了理财的道路。而强制储蓄便成了理财的第一步。从小黄的每月开销来看，必须强制性地储蓄资金，他拿出每月工资的四分之一纳入个人储蓄计划是非常合理的，也是切实可行的，而且采用“滚雪球”的储蓄方式对于刚刚开始攒钱的“月光族”也非常灵活，既可以积累资金，又可备急用之需，办理自动转存业务还能够避免利息变动带来的损失，还省去了月月跑银行的很多麻烦，对于刚工作的年轻人来说确实是个不错的选择。

在储蓄的同时，日常开支也必须节俭。其实“月光族”都有一个共同的特点，那就是花钱不算计，向来大手大脚，哥们儿交往频繁，应酬不断，买东西从来不觉得贵，还喜欢用信用卡透支。殊不知，大钱就是从小钱积攒起来的，如果不注意平时的开源节流，那么“月光族”的生活就永远不会结束，未来的一切计划就一个都不会实现。因此，除了日常的开支之外，摆在“月光族”们面前的一个严峻问题就是狠下心来把多余的开支都省去，做一个理性的消费者。

如果能够提高投资理财所占收入的比例，其实有更多的机会提早达到“理财目标”。在投资工具的选择上，应以长期增值潜力较大的基金为主。对于像小黄这样的没有很多积蓄的年轻人来说，起点低、能够自动转账的“定期定额”基金就是个不错的选择。基金管理人员可根据不同的投资策略，将资金合理划分，投资于不同证券品种，从而做到低风险、高回报，这就能够弥补年轻人缺乏投资理财经验的不足了。

相关链接

“会赚钱也要会理财”已成为现代人的普遍观念，合理的计划不仅可以让你避免成为“月光族”乃至“负翁”，甚至可以为你开辟出另一条生财之道。个人理财应注意以下几大环节。

1. 估算资金储备。

估算一下为实现新的发展目标你已经筹备了多少资金，最终还需要多少。要弥补这之间的差额，不仅要看你的储蓄额度，而且要看你什么时候需要用钱，以及在这期间你能得到的回报率。

2. 必要的储蓄。

一定额度的储蓄是必需的。比如，对于“月光族”来说，你应该尽最大可能把钱投入储蓄理财当中。

3. 为消费做计划。

在年末或年初，应该规划一下未来这一年的几笔主要消费，如要结婚或者装修房子。如果有这样的计划那么就应该开始存钱了，这样才不至于在要用钱的时候还得被迫取消既定目标。

4. 做最坏的打算。

假如你准备投资大量资金在股市，你就要考虑到，如果股市处于长期下行状态，而你又不希望因为需要用钱而被迫抛售股票，这时应该怎么办？又或者如果6个月都拿不到工资，如何来支付生活费用？考虑到了这些最差的情况，你就可以拟订一个应急计划，以便从容应对所有可能发生的意外情况。

理财提醒

同朋友交往时，不要为面子在朋友中一味树立“大方”的形象，如在请客吃饭、娱乐活动中争着埋单，这样往往会使自己陷入窘迫之中。最好的方式还是大家轮流坐庄，或者实行“AA”制。

“二人世界”理财致富大法

深圳28岁的李女士前不久刚刚结了婚，夫妻俩贷款买了一套房，每月还贷4000元。目前李女士与丈夫的月收入共计2万元，每月日常生活费3000元。房子的首付是双方父母承担的，两人在结婚前共有25万元存款。李女士并不打算提前还贷，她认为留些现金在手里会比较方便。保险方面，先生的保险比较齐全，每年约缴纳2万元保费，李女士自己有社保和20万元的健康险，年交保费约3000元。从单身生活走向“二人世界”后，李女士和丈夫都认为应该为小家做些打算了，两人准备明年生孩子，另外为了家庭的稳步发展，两人开始着手家庭理财。

根据专家的建议，李女士准备从25万元存款中拿出20万元作为财富积累。她对自己的评价是，风险偏好基本上属于保守型，不愿意在股票上增加投资。根据市场一般收益率计算，专家建议她分配比例进行投资：银行存款50%、股票10%、债券30%、基金10%。因此，除预留的5万元应急基金外，她可在不增加股票投入情况下，从20万元的定期存款中拿出6万元来购买债券。采用定投方法购买开放式基金，选择一只绩优基金，坚持每月3000元的固定投入。目前开放式基金受股市影响净值较低，正是比较好的介入时候。

除要做好理财规划外，专家还建议李女士为即将出生的孩子做好准备。在孩子教育方面，按照目前李女士的生活品质和深圳市小孩的抚养成本，专家建议可以从现在每月的现金盈余中拿出1500元当作小孩的生产费用、儿童用品费用、自身营养补充等。具体操作上可以采用零存整取的方式，每月按时投入，期满后可自动转存。在小孩出生后，就可以购买子女教育保险。零岁投保，每5万元保额大概年交保费4300元，可作2份保额10万元，年交保费8600元，共交14年；这样孩子15周岁上高中时，每年可领取1万元高中教育保险金，18岁到21周岁时，每年可领取3万元大学教育保险金。

最后就是夫妻俩的保险问题。财务安全始终是我们做理财规划时首先要考虑的问题。根据以上情况，如果作为先生的受益人，李女士本人的寿险保障基本足够，但在养老保障方面略有不足。专家建议她可以购买10万元保额的养老保险，年保费支出约1.4万元。

有了这样的规划，李女士对未来的生活充满了信心。以前总觉得心里没底，不是因为自己的能力不足，而是没有理财目标，不知道家庭今后的经济状况会发展成什么样。这样一规划，她认为自己的“二人世界”走上了理财致富的道路，心里踏实多了。

案例点评

对于刚刚步入婚姻殿堂的夫妻而言，要解决的问题是：开源节流、子女养育及教育费用、房贷、车贷等，这些都是亟待解决的问题，夫妻俩应该积极地参与家庭各项理财规划，而不要以为结完婚就万事大吉了，如果疏忽了重要的理财规划，那么经济上迟早会出现捉襟见肘的情况。对于像李女士这样的新婚家庭，主要的理财目标有三个：第一，合理分配现金，提高回报率；第二，计划生小孩，储备一定的教育基金，不因小孩的出生而降低生活品质；第三，为自己和丈夫购买一些保险。使生活多一些保障。

针对李女士夫妻的工作情况，由于他们的收入是固定的，工作性质决定了他们很难有暴富的机会，考虑到通货膨胀及将来子女的教育等因素，这25万元存款如果不科学分配的话，将来很难做到高枕无忧。因此，他们的理财目的是要最大限度地保证家庭财产的增值，所以应主要寻求稳妥、能保值的理财产品。而国债是所有投资渠道中最稳妥的理财方式，考虑其不缴利息税、提前支取可按相应利率档次计息等优势，国债可以作为新婚家庭理财的首选品种。另外，开放式基金具有专业管理、风险分散、收益共享等的特点，购买运作稳健、成长性好的开放式基金也可以取得较好的理财效果。

另外，对于考虑生小孩的新婚夫妇来说，理财方式必然要有明显的改变。因为毕竟孩子的出生会给一个家庭带来很大的变化，孩子需要抚养，特别是现在小孩教育费用越来越高，从小学入学到大学毕业，一个小孩所需要的教育经费少说也要几十万。如果不及早准备，临时筹措会倍感辛苦，所以购买一些教育类保险也是很有必要的。

然后就是夫妻俩都要考虑买保险，这样家庭才会稳步成长，不至于因为重大改变或突发事件而遭受严重的经济损失。所以考虑到今后的疾病及养老费用，有经济实力和一定结余的年轻夫妇还是应该及早买保险。

总之，刚刚开始享受“二人世界”的年轻夫妻们，还是应当有一些居安思危的意识，要早早开始替自己的家庭进行理财规划，这样才能拥有一个安全无忧的未来。

相关链接

家庭理财首先要根据自家的实际情况出发，科学合理分配资金，切勿盲目。理财之前，一定要认真考虑下面的问题。

1. 资金因素。一定要有一定数量、来源可靠而且合法的资金，这是制订投资计划的前提。

2. 对投资收益的依赖程度。一定要考虑自己承担风险的能力。如果对投资收益确定性的要求高，可以选择债券、绩优股货币基金等安全可靠、有稳定收益的投资类别。如果对投资收益确定性的要求低，则可以选择预期收益率高但风险程度也高的股票进行投资。

3. 时间信息因素。在做理财规划时，应该考虑能够投放在某项投资上的时间和精力有多少，以及获得信息的渠道、手段和时效等因素。

4. 心理因素。特别是在投机投资中，投资者的心理素质有时比资金的多寡更为重要。心理承受能力弱的投资者应该避免风险较大的投资方向。

5. 知识和经验因素。投资者知识结构中对哪种投资方法更为了解，以及人生经验中对哪种投资的操作更为擅长，都会影响投资计划的制订。相对来说，选择自己熟悉擅长的投资项目，充分利用已有的专业知识和成熟经验，投资取得成功的可能性更大。

理财提醒

家庭理财切记不要把鸡蛋全放在一个篮子里，最好进行多元化投资，通过将资金分配于不同的投资对象以规避风险。为此，我们可以选择多种投资对象，如债券、基金、股票、收藏品等，这样就可以在一个投资项目收益不佳时，有其他投资项目的收益进行补足。

三口之家合理理财奔小康

颜先生，33岁，在外贸公司工作，月薪6500元左右；妻子是某名牌鞋业公司的生产人员，月薪3000多元。夫妻俩有一套自购房，房款一次性交付，没有贷款。二人还有一个孩子，刚满5岁。双方父母经济状况都还好，不需要夫妻俩负担生活费用。和大多数三口之家一样，颜先生开始考虑怎么能够使手中的钱最大限度地安全保值，同时又能最大限度地增值。但这两方面又是矛盾的，因为收益与风险并存，往往高收益就有高风险。考虑到风险、收益、稳定这几方面因素，颜先生学习了家庭理财新概念，通过尝试，觉得还不错。

首先是将资金总额的40%作为储蓄。颜先生认为，虽然几年来存款利率不断下调，收益大幅度减少，但储蓄不失为一种很好的保本理财手段。就目前来说，考虑物价增长等因素，一年存款的收益虽然比较有限，但还是让颜先生感觉到“步子不大总在走”。鉴于目前1年期、3年期、5年期的存款利率差别，考虑到资金应急储备，颜先生的存款以1年期为主，他将总存款额的60%定期储蓄1年，30%定期储蓄3年，10%作为活期储蓄。

其次是将投资总额的30%用于购买国债，因为国债变现性强，收益稳定，且有国家信誉作保证，风险较小，所以颜先生的首选投资项目就是国债。虽然近几年国债利率有所下调，但是比起银行储蓄来，利率并不低，同时还可享有提前支取，按实际持有天数计息的优势，如果投资已上市的国债，还可随时通过证券交易所变现，资金流动性强，所以颜先生的国债投资占比较大。

接下来就是购买基金，颜先生将总投资额的20%用作基金投资。他详细了解了各家基金管理公司的经营状况，选择了几只运作良好，业绩突出的基金，并在净值低位区购入。颜先生清楚，不能对基金的短期回报期望过高，应做中长线的准备，密切关注。

考虑到现在家庭所处的阶段，小孩无任何经济来源，完全依靠父母的经济支持。如果父母这个“水龙头”万一中断，小孩怎么办？因此，颜先生夫妇用总投资额的5%购买了保险。

颜先生首先为自己购买了意外险、重大疾病险，防止出现意外，通过保险可以为孩子提供经济保证，使子女能在任何情况下接受良好的教育。在此基础上，再给小孩购置保险。由于现在学费越来越贵，颜先生为孩子投保了教育险，这样就可以在孩子教育投入较为集中的高中、大学阶段提供充足的教育基金。

剩下5%的资金颜先生准备投资收藏品和股票。因为他从小就喜欢集邮，家里也有很多集邮册，颜先生准备把这个爱好坚持下去，如果今后经济条件允许的话，他还准备收藏字画。至于购买股票的那份钱，颜先生完全把它当作闲钱，赚了更好，要是被套住了，也不着急，就把钱放在那待着。

这么一计划，如果各项投资收益都比较稳定的话，不出两年，颜先生就可以拥有一辆家庭小轿车了，他觉得自己的家庭离“小康一族”不远了。看着自己的家庭成员健康、幸福地生活，颜先生心里别提多高兴了。

案例点评

随着经济社会的发展和家庭理财观念的更新，越来越多的家庭开始制订理财计划了。通过颜先生设计的理财计划我们不难看出，他实际上采取的是组合投资方式，就是将风险、收益、稳定等多方面因素综合考虑，40% 用于银行存款，30% 购买国债，20% 投资基金，5% 买保险，5% 搞其他投资。

储蓄是家庭理财中最普遍的一种方式。虽然近来存款利率不断下调，储蓄收益大幅度减少，但作为一种保本的保值工具仍十分必要。这是因为在我国储蓄几乎没有兑付风险，并且存取自由。另外，由于我国近几年的国债不仅品种多、收益高，而且流动性好，变现能力强，且利率高出国外债券收益率，因此备受家庭投资青睐。而基金投资虽然收益率较高，但毕竟存在一定的风险，因此颜先生考虑将 20% 作为投资基金的比例还是比较合理的，既有效地规避了风险，也获得了一定的收益。还有就是对于成长时期的家庭而言，承险能力很一般，家庭较大的开支用于教育投入、医疗保健等，为了保证这些费用的来源，购买相应的保险是很有必要的。最后就是既能满足自己爱好又能带来一定收益的收藏品投资，而对于购买股票，还是应该用家里的闲钱来投资，毕竟股市风险太大，巨额亏损不是一般家庭所能承受的。

通过合理的家庭理财计划，三口之家奔小康是不成问题的，如果能在理财规划下稳步成长，那么每个家庭成员都会享有幸福的生活。

相关链接

要能真正地成为投资理财的好手，就要树立新的认识，要从中国的国情出发，从自身的生活状况出发，合理规划资金。以下就在如何树立正确的投资理财观念上给大家提出了几条建议。

1. 投资理财不是有钱人的专利。在我们的日常生活中，总有许多工薪阶层或中低收入者持有“有钱才有资格谈投资理财”的观念。事实上，越是没钱的人越需要理财。因为在这场“人生经营”过程中，越穷的人就越输不起，对理财更要严肃而谨慎地去看待。

2. 理财重在规划，别让“等有了钱再说”误了你的“钱程”。既然理财是一辈子的事，何不及早认清人生各阶段的责任及需求，制定符合自己的生涯理财规划呢？许多理财专家都认为，理财规划应趁早进行，以免年轻时任由“钱财放水流”，蹉跎岁月之后老来嗟叹空悲切。

3. 拒绝各种诱惑，不良理财习惯可能会使你两手空空。面对这个消费的社会，要拒绝诱惑当然不是那么容易，对自己辛苦赚来的每一分钱具有完全的掌控权就要先从改变理财习惯下手。尤其是初入社会，经济刚独立的年轻人，往往最无法抗拒各种诱惑，也有许多人是想通过金钱（消费能力）来证明自己的能力，或是补偿心理某方面的不足，这就使得自己不能完全掌控金钱了。

4. 没人是天生的高手，能力来自于学习和实践经验的积累。事实上，任何一项能力都非与生俱来的，理财能力也是一样。基于金钱问题乃是人生如影随形的事情，尤其现代经济日益发达，谁都无法自免于个人理财责任之外。投资并非学习商学、经济学的人的专利，它更多地需要不断的实践积累。

5. 不要奢求一夕致富，别把鸡蛋全放在一个篮子里。随着经济的发展、工商业的发达和国际市场的开放，国人的投资渠道也越来越多，单一的投资工具已经不符合国情民情，而且风险较大，投资组合降低风险，同时也能平稳地创造财富。

6. 管理好你的时间胜于管理好你的金钱和财富。如果你对上天公平给予每个人 24 小时的资源无法有效管理，不仅可能和理财投资的时机失之交臂，人生甚至还可能终至一事无成，可见“时间管理”对现代理财人的重要性。在理财的同时也要学着自己“管理”时间，把分秒都花在“刀刃”上，提高效率，这才是轻松理财的根本。

理财提醒

投资组合的分配比例要依据个人能力、投资工具的特性及环境时局而灵活转换。个性保守或闲钱不多者，组合不宜过于多样复杂，短期获利的投资比例要少；若个性积极有冲劲且不怕冒险者，可视能力来增加高风险资产的投资比例。

单亲家庭慎理财

40岁的郝女士刚刚离婚不久，上小学一年级的儿子由她来抚养。目前她拥有一套近70平方米的自住房，购买时只花了35万元，房贷还有5万元，贷款期限还剩7年，每月还房贷800元，目前该房子价值84万元。郝女士在事业单位工作，收入稳定，月收入4500元，孩子的父亲每月支付1500元抚养费。郝女士利用双休兼职，月增加收入500元左右。另外，她有4万元的银行定期存款和2万元凭证式国债。她和儿子每月生活费为2000元，没有购买任何商业保险。

这样的生活状况，常常会让郝女士陷入担心之中。她已经尽了最大努力，希望给儿子一个稳定的生活和教育保障。她想达到的目标是，无论有什么不幸的事情发生，都不用担心自己和儿子所面临的经济上的压力，并且尽量让自己手中的资产实现稳妥增值。

从现状来看，郝女士的理财观念和投资方式均属于保守型，她并没有进行认真的理财规划，而是有些想当然。她的理财目标虽然是希望家庭财产实现稳妥增值，但实际效果却由于“过度”稳妥，理财效果一般。郝女士有必要转变理财观念，以免将来面临比较严重的财务危机。为此，她请教了理财专家。

专家给她的建议是，可以先将手中的6万元定期存款和国债办理提前支取，用于提前还贷。这样家庭压力就会大大减轻。同时，在追求相对稳妥的基础上，可以积极寻求财产的保值增值。总体来说，郝女士总资产不多，且主要为房产，可用于投资的资产比例微乎其微。因此，投资规划并不是她目前理财的主要内容。当前主要应做好资产保值并保持其较好的流动性，以补贴日常开支及应对突发事件。

郝女士本人的收入（包括兼职收入）加上儿子父亲支付的抚养费月度合计 6500 元，扣除本人和儿子生活费共计 2000 元，每月还节余约 4500 元，可以积累作为家庭生活费用以外的其他支出储备。

为了保障孩子成长过程中的财务安全，可以考虑保险投入。单亲家庭的保险额度至少应为子女成年前所需的生活费、学费的总和。若是经济能力充裕，则可趁早为小孩规划独立的保单。因为附加在父母之下的儿童保障最高只保障到 25 岁，为免单亲家长因身故而保障中断，最好让孩子有独立周全的保障。

郝女士参照专家的建议进行财产的调整之后，心里踏实多了。

案例点评

单亲家庭作为现代社会一类特殊的家庭结构，要承担很多的压力，其中不光有精神上的压力，还有经济上的压力，尤其是收入一般的单身母亲带着孩子，难免会面临很多困难，特别是孩子的教育经费将会是一笔不小的开支。而且家庭的积蓄有限，承担风险的能力较差，想通过投资赚大钱几乎没什么可能。所以只能通过合理的理财使得有限的资金得到最大化的利用。这样才能够保证自己和孩子的将来不会受到财政危机的困扰。

作为收入状况并不算太好的单亲母亲，郝女士积极策划给儿子一个较好的保障。由于家庭状况的特殊，财务的安全性被放在了最重要的位置。在理财过程中，应当时时关注这一点。像郝女士这样，拿着银行的低利息，却支付着高额的房贷，实际上是在增加着自己的负债。这样的“稳妥”，失了本意，是难以达到财务健康的。所以专家建议她提前还贷，这符合她的财务状况。

另外，为了应付突发事件，防止有意外发生，购买适当的保险是很有必要的。而郝女士的儿子在单亲家庭中成长，家庭收入有限，就更应该防范可能发生的危险，所以有独立周全的保障对他们母子来说是防止经济上陷入危机的最好解决办法。

从郝女士的理财规划来看，不管家庭经济状况的好与坏，只要有切合家庭经济状况的理财目标和理财规划，并认真实施，就可以最大限度地防范财务危机。

相关链接

单亲家庭不同于一般家庭，在理财方面也应有特别考虑，尤其对于收入一般的单亲家庭，更应该注意以下四点。

1. 将家庭的流动资产（现金、存款、债券、股票等）的款项总和调整到足以应付半年时间的生活各项支出，这样在面临收入突然中断的危机时，才可能有较充裕的时间面对困难。

2. 要计算“生活风险忍受度”并做好保护措施。所谓的“生活风险忍受度”，是指在家庭主要收入来源者发生严重事故（伤、病等）时其家庭经济生活所能维持的时间长度。而购买保险，则可以延长这个时间长度，是一种非常好的财务保障办法。

3. 了解不同理财工具的风险和收益。银行存款最为保险，但利息相对较低；投资债券、股票、基金的收益也比银行高，但风险也大。因此要合理分配资金，做到规避风险的同时获取收益。

4. 根据实际情况选择合适的投资方式。假如家庭的固定支出金额占收入的比例高，表示资金的流动性不足，则家庭投资策略应倾向保守。由于单亲家庭的收入都集中在一个人的身上，因此家庭承担风险的能力较低，更应尽早计算生活风险忍受度，并做好家庭防护措施。

理财提醒

那些理财不顺利、仍为前途担忧的单亲家庭，应把子女教育费用和生活费用作为理财重点，首要目的是让子女顺利完成学业；对于那些通过理财已积累了一定财富的单亲家庭，支付子女的教育费用和生活费用不会感到困难的，可继续发展投资事业，以创造更多财富，如可以尝试投资股票型基金之类高收益的理财产品，但也要注意防范风险。

房奴家庭也可享受幸福生活

沈先生，31岁，某公司业务助理，月收入6000元；沈太太，28岁，一家企业的人事专员，月收入4000元。两人的年终奖金一般为10000元。目前每月的基本生活开销在3000元左右。2014年年初，沈先生在天津买了一套总价110万元的婚房。现在，每月要负担房贷5039元。由于买房时动用了几乎所有积蓄，所以目前他们拥有的金融资产不是很多。其中，现金和活期存款有3万元，定期存款有2万元，基金价值2万元，黄金和收藏品价值1.3万元。

沈先生及太太准备两年内生宝宝，并要为孩子未来的教育金进行规划；另外他们还打算为家庭的资产寻求稳步增长的途径，以保证未来的生活质量。从2014年贷款买房开始，沈先生一家就已经成为"房奴"一族，虽然他们的收入还可以，生活质量也能够达到标准，但是考虑到未来孩子的出生不至于给家庭的生活质量带来影响，还是应该做一些理财规划。那么，怎样当一个不让生活质量下降的"房奴"呢？

首先，沈先生考虑到了开源节流。因为日常消费已经基本控制在了最低水平，如果再把生活费缩减，生活质量就会下降，因此沈先生并不考虑在生活费上做文章。他首先想到的是尽快办理本人公积金冲抵商业贷款业务。因为目前负担的贷款为商业贷款。这样按照自己的每月收入6000元计算（公积金缴存比例为公司、个人各7%），则每月公积金可冲抵额为840元（6000×14%）。他还与父母进行了沟通，共同居住新房，将父母名下的一套小房子出租，以补贴家用。保守估计，每月可增加租金收入1250元。

其次，就是宝贝计划。目前沈先生计划好的生育费用大致为2万元，可以从目前持有的现金、活存、定存5万元中提取。但宝宝出世后，每月预计新增支出2000元，沈先生考虑到由于新增了房租收入，所以应付这方面的支出应该没有问题。而他认为最重要的是大学教育费用，预计发生在20年后，目前大学4年教育的花费在10万元左右，考虑通货膨胀因素，预计每年增加3%，则20年后预计需要18万。沈先生还准备定投基金，只要合理安排，他相信自己在20年的时间能够储备足够的教育金。

最后，就是要准备一些应急储备金。沈先生准备了6000元做活期备用，另3万元投资货币基金，同时申请了一张信用卡做家庭应急备用。

经过这么一计划，沈先生心中的压力顿时减少了很多，他觉得自己的“房奴”生活也充满了乐趣。现在的任务就是集中力量挣钱了，所以沈先生又准备发展第二职业了，他觉得自己浑身是劲儿，充满了动力。

案例点评

现如今“房奴”这个名词已经越来越成为社会共同关注的热点。一项调查显示，国内逾三成房贷族月供占收入50%以上。现在的“房奴”家庭，大多心理压力比较大，经济负担比较重，虽然每月的工资还贷和保障日常生活没有什么问题，但是毕竟是“负债”一族，心里难免对未来有些许的担忧。

分析沈先生的家庭状况，贷款金额较多，还款压力较大，房贷占据家庭月收入的50%，可以称得上是“房奴”了，这种状况让人想想心里都会有些担忧，何况沈先生夫妇还想近两年生孩子，等到孩子出生后，经济压力就更大了，因此，必须对自己的经济状况做一个客观的评价，为今后做合理的理财计划。

很多房贷者都容易忽视为数不多的公积金，但随着工作时间的增长，公积金账户余额也是不断增加的，像沈先生这种情况，2014 年买的房，现在完全可以用公积金先还一部分房贷，以减少贷款的利息压力。另外考虑将小房子出租也是比较合理的方法，这样在不影响现在生活水平的前提下做到了很好的开源节流。

还有就是两年后出生的宝宝，家里随着孩子的出生一定会增加消费，这部分消费必须有相应的收入来补充，而那套小房的出租费正好能够填补孩子出生后的日常消费。但是孩子今后的教育开支也是个不小的数目，必须做长远的打算。现在很多家庭都已经为自己的孩子购买了教育类保险，这说明大部分人已经有超前理财的意识，对于“房奴”家庭而言，购买教育类保险更是十分必要的，这样无论发生什么情况，最起码孩子的教育不会受到影响。

另外做一些风险较低的投资也是解决房贷压力的好办法，因为有些投资产品的收益率要比房贷利率高，这样就能够很好地冲抵房贷支出的压力。

可见，只要妥善安排收支，合理地控制消费，“房奴”也能拥有快乐幸福的生活。

相关链接

对“房奴”家庭来说，家庭理财要想更好地防范财务危机，就要对理财中的风险有更加清醒的认识，因为“房奴”家庭更承担不起风险所带来的经济打击。

下面就对理财中普遍存在的风险予以介绍。

1. 市场风险。以股市或房地产市场为例，市场整体行情的好坏会影响股票和房产价格的波动，当买入资产价格过高时，可能会面临不同程度的损失。

2. 财务风险。投资股票或债券，会因为公司经营不善，使股票价格下跌或无法分配股利，或使债券持有人无法收回本金和利息，又或是业主收不到租金。总之，就是投资无法带来预期的收益。

3. 管理风险。是指需要花时间、精力进行管理。比如，买幢房子来出租，就涉及这种风险。另外，股民经常在管理不善的证券公司里遭受损失，也可以算作管理风险，而这种风险发生的可能性事实上相当高。

4. 利率风险。储蓄利率上升，会打击股票、债券、物业的价格。对债券投资人的影响最大，因为利率上升会使债券价格下跌，造成损失。但如果有储蓄存款、外汇存款等，可在一定程度上降低利率上升带来的风险。

5. 通胀风险。要避免通货膨胀风险吞食你资金的购买力，就一定要在理财组合里面加入在通货膨胀期间会升值的投资项目，如房产、黄金等。

6. 经济大势变化风险。经济形势有盛有衰，循环不息。一个完善的理财组合，应该包括不同的投资项目，分散投资以降低经济周期波动所带来的风险。

7. 行业风险。有时经济本身景气，但某些行业却越来越萧条。就算内行专家也一样会因看不清前景而惨败。作为局外人，就要更加小心谨慎。弄清哪些是“朝阳行业”，哪些是“夕阳行业”，才能有明确的投资前景。

8. 流动性风险。指投资无法在需要时及时变换为现金。银行存款、债券和多数股票一般都可以很快变现，所以流动性风险比较低，但是房地产和一般私人收藏品就不易变现，流动性风险较高。

理财提醒

通常来说，“房奴”就是指家庭月负债还款额超过家庭月收入 50% 以上的家庭，此类家庭因为负债率较高，已经影响了家庭生活的品质。按照国际通行的看法，月收入的三分之一是房贷按揭的一条警戒线，越过此警戒线，将出现较大的还贷风险，并可能影响生活质量，所以应当尽量避免。

前卫家庭理财“AA”制

这是一个典型的前卫家庭，丈夫朱先生是南京一著名律师事务所的专职律师，妻子王老师是在某大学教经济学的讲师。十几岁的女儿小朱正在读初中。这个家庭虽然收入并不是很多，但却实行了独特的理财方式，不但夫妻俩经济各自独立，就连正在上中学的女儿小朱也是自己掌管自己的钱，一家三口是各理各的财，在家庭中实行了“AA”制理财法。

朱先生，四十出头，年轻气盛，所以特别青睐风险高、收益大的投资项目。前两年股市红火的时候，狠狠地赚了一笔，理财收益曾一度让全家人佩服得五体投地，从而牢固地掌握了家庭的财政大权。可好景不长，随着股市走低，一向心高气傲的朱先生不慎马失前蹄，把炒股赚的钱全赔了进去，马上就成了全家的“众矢之的”。好在从2017年开始他及时调整了投资策略，把股市中没有前景的股票全部“割肉”，又将退出的一部分股票资金投入了基金市场，将功补过。值得一提的是，朱先生在教育投资上很舍得花大钱。他给女儿报了英语口语班、舞蹈班，希望女儿可以更加多才多艺。当然报辅导班的几千元钱用不着朱先生一个人掏，有他们夫妇二人从收入中拨出的固定教育基金帮忙。

妻子王老师是教经济学的，理财当然是一把好手，她的理财讲究稳扎稳打。自从丈夫股票被套牢后，投资观念便趋向传统。如今她按照“四四法则”进行稳健投资：四分之一存成银行储蓄，四分之一购买凭证式国债，四分之一认购开放式基金，另外四分之一办理分红保险。这些投资方式不用操心费力，收益也相对稳定。虽无大笔进项，但也小有收益，还没有什么风险。所以，现在，她逐步地从丈夫手中获得了一定的理财权。

由于实行独立的理财制度，十几岁的小朱理财能力也不弱。如今，父母将其学费、生活费等开支全部按月一次性“拨付”给她，还告诉她“超支不补，结余归己”。她把自己的开支安排得井井有条，常常月有节余，季有积蓄。外出上学半年多来，从未出现过钱不够用的情况。她还把平常攒的钱和每年可观的压岁钱存到银行里，以备后用。

这样一来，朱先生家的每一位家庭成员都有了自己的小“九九”，每个人都能够根据自己的收支需要合理地安排开销。前几天，小朱还利用平时攒的钱为妈妈购买了生日礼物，一家人为妈妈过了一个幸福的生日。

案例点评

在家庭理财的时候，如果成员之间在理财思路、偏好有较多的不一致，那就不妨选择“AA”制来分开理财。

有些人担心“AA”制理财会破坏家庭和睦，形成一种人为的情感鸿沟，实际上并非如此。如果每个家庭成员能够自由安排自己的资金，进行分散理财，更能够增加自由度，反而能够减少很多金钱方面的无谓争执。特别是在理财决策失误的时候，实行“AA”制理财的夫妻各担责任，也就不会出现互相埋怨、互相指责的问题。所以“AA”制理财不但不会影响家庭成员之间的关系，反而会促进家庭和谐。更加重要的是，家庭成员各有各的理财侧重点，可以将家庭资金分散开来，投资在不同行业、产品之上，这样也能明显降低投资风险。

既然“AA”制理财有这么多好处，那么二人世界的家庭不妨尝试一番。如果将来有了孩子，孩子渐渐长大，判断能力、思考能力不断成熟，那么父母也可以让孩子加入“AA”制理财的行列——划拨给孩子少量资金，让他/她按照自己的想法安排资金使用，这对孩子的能力也是一种锻炼，有助于形成正确的理财观念，培养出色的理财技巧。

相关链接

实行AA制理财的先决条件是夫妻双方对于这种理财方式都能够认可，另外，如果打算实行“AA”制理财，以下三个要点不得不提前考虑清楚：

1. 设立共同的理财目标

虽然实行“AA”制理财后，夫妻各自的理财策略不同，但还是应当有共同的理财目标的，这样双方的劲才会往一处使，不会出现互相掣肘的情况。比如，夫妻俩当前可用于理财的资金都很有限，那就可以共同制定稳健的理财目标，让风险最小化；再如，夫妻俩可支配的资金较多，那就可以制定均衡的理财目标，即均衡风险和收益，确保财富能够保值增值。

2. 为子女教育和养老做好准备

即使是“AA”制理财，也不能不考虑几个与家庭整体利益息息相关的重要问题，如子女未来的教育问题和夫妻双方日后的养老问题等。所以夫妻双方可以各自拿出一笔钱，分别管理一个账户，并且定期向对方公示，这样就等于拥有了两笔基金，今后在应对很多问题时都会更加从容。

3. 不能忽略配置保险

“AA”制理财的家庭同样不能忽视保险的保障作用，夫妻可以共同商议，然后分别购买，可以在已有社保的基础上，再配置一些商业保险，让保障范围更加全面。另外，如果夫妻一方找到了较好的可以保障全家的保险产品，也要抓紧时间和另一方商议，避免重复购买保障内容重合的保险产品而造成浪费。

理财提醒

“AA”制理财不等同于“AA”制消费，也就是说，这里所说的“AA”制只发生在理财的领域中，是指双方分别支配一部分资金去进行理财。而在日常消费的时候，夫妻双方不一定要均摊账单。

子女教育规划：越早越好

2018年杨先生刚满35岁，他是公务员，本科学历，月均收入4000元；杨先生的太太刚满32岁，是电信公司正式员工，本科学历，月均收入3200元，另有年终奖金每年1万元左右；儿子6岁，小学一年级。双方父母均有退休金和医疗保障，身体健康，短期内无须照顾。目前，他家有活期存款2万元，定期存款3万元；自有住房一套市值60万元，月供按揭贷款1236元，需12年还清。每月家庭开支包括：儿子教育费800元，基本生活开支1800元，其他费用400元，旅游费用月均开支600元。退休后杨先生每月可领退休金3600元，太太可领2880元。目前夫妻均未购买商业保险。

2018年下半年，他们的宝贝孩子就要开始上小学了，杨先生夫妇让他参加了各种学习班，每年花费不菲。对于孩子的教育，他和妻子都舍得投资，是因为他们觉得，现在是“知本”的时代，对孩子的教育进行投资，是对孩子最大的负责。听人说，子女教育规划越早越好，于是杨先生也开始考虑儿子的教育费用问题了。他想在12年内为儿子准备18万元教育基金。

考虑到退休后医疗、护理开支将会提高，并希望退休后能维持目前每月3500元的家庭生活开支水平。儿子的教育经费光靠攒肯定是不行的，杨先生夫妻两人的工资是死数，今后上涨的空间并不是很大，加之物价上涨，指望这点工资恐怕不行。杨先生决定还是应该增加投资，提高资产收益。2 万元活期存款继续作为家庭应急基金，3 万元定期存款，到期后可用于基金和股票投资，将投资收益作为小孩教育基金的部分来源。

另外就是要考虑为儿子购买教育保险。现在开始投保，每 5 万元保额大概年交保费 5000 元，交 10 年，当孩子 15 周岁到 17 周岁时，每年可领取 5000 元高中教育保险金，18 周岁到 21 周岁时，每年可领取 1 万元大学教育保险金。这样儿子从高中到大学的部分教育经费就解决了。

还有一个来源就是月度结余。可以选择银行的零存整取，到期后取出进行投资。其中 70%投资于国债、货币基金等低风险、收益稳定的投资品种，30%投资于股票、股票型基金等风险较高、收益较高的品种；也可以与银行签订协议，进行基金定期定额投资；日积月累，这些投资收益用于小孩教育基金和夫妻养老基金来源都是没有问题的。

有了这些理财计划，杨先生为孩子积累教育基金的目的就能实现了，而且是在不影响家庭现在和将来消费水平的情况下做了合理的计划。不过杨先生还是觉得有点小小的遗憾，那就是没有更早地为儿子教育作规划，因为如果更早购买教育保险的话，到时可得到的优惠就更多。但现在的杨先生已经很知足了，毕竟夫妻俩的工资有限，通过这么一番计划，就能用有限的工资解决今后孩子的教育费用，何乐而不为呢?

案例点评

对一个家庭来说，在衣食住行基本生活消费之外，教育消费是一笔不小的开支，望子成龙的家长们大都把存款用到了培养子女成才上。而教育投资或多或少都有一定的收益，这是与其他投资理财项目不同的，“十年树木、百年树人”也是这一道理。但是，教育投资收益却有高有低。这就决定了教育投资必须是超前性的，也必须选择正确的投资方向。这一点我们可以向杨先生学习。

另外，杨先生夫妇均有养老和医疗保障，但缺乏必要的意外伤害保险，家庭保障不足。现有活期存款 2 万元，为家庭月支出的 4.17 倍，家庭应急基金数量合理。家庭固定资产占总资产的比例为 92.3%，占比较高，家庭资产流动性不足。所以在制定理财规划时要考虑到这些问题，并要做出合理的调整。

相关链接

学费逐年上涨，家长们积攒子女教育经费的压力陡增，子女教育费用已经成为仅次于购房的一项重大家庭支出。"望子成龙，望女成凤"是每个父母的心愿，如何为子女筹集一笔充足的教育经费成为父母们的心头大事，以下三种方式对于筹划孩子的教育经费很有帮助。

1. 教育储蓄。教育储蓄为定期储蓄存款，存期分为 1 年、3 年、6 年。最低起存金额为 50 元，存入金额为 50 元的整倍数，可一次性存入，也可分次存入或按月存入，本金合计最高限额为 2 万元。教育储蓄的利率享受两大优惠政策，除免征利息所得税外，其作为零存整取储蓄将享受整存整取利率，利率优惠幅度在 25%以上。

2. 基金定投。基金定投业务是指在一定的投资期间内，以固定时间、固定金额申购某只基金产品的业务。基金管理公司接受投资人的基金定投申购业务申请后，根据投资人的要求在某一固定期限（以月为最小单位）从投资人指定的资金账户内扣划固定的申购款项，从而完成基金购买行为。比较类似于银行的零存整取方式。

3. 保险规划。要考虑为孩子购买教育保险。越早购买越好，这样孩子 15 周岁到 17 周岁时，每年可领取一定金额的教育保险金，18 周岁到 21 周岁时，每年可领取大学教育保险金。无论家庭情况如何，孩子的高等教育不能耽误。因此，夫妻两人有必要购买定期寿险，以防家庭意外变故而影响子女的高等教育。

理财提醒

在小孩不同的年龄段应选择不同的投资产品。如果子女距离上大学还有一段很长的时间，通货膨胀将使财富缩水的效果特别明显，所以最好选择比较积极的标的，如股票型基金。如果孩子已经初中毕业，则可以选择注重当期收益的投资工具，如高配息的海外债券基金。就投资的角度而言，长期累积下来的复利效果是很可观的。

巧管孩子压岁钱

春节刚过，压岁钱让孩子们的小口袋鼓了起来，少则几百元，多则上万元。但如何支配这些压岁钱呢？我们经常会看到两种做法：要么父母没收，要么孩子自由支配。如果父母没收的话，孩子会觉得过于“霸道”，不尊重他们；但让孩子自由支配，父母又担心不能用于正途。那该怎么办呢？上海的张女士倒是颇有心得，她10岁的儿子从第一次收压岁钱到现在，加起来总共也有几万元了，2018年春节，她儿子又收了好几千元。

以前孩子还小，张女士都是先把小孩的零花钱存入银行，以小孩的名义做定期存款。后来有了一定的积蓄，等有国债的时候就买国债。2016年又开始定期购买开放式基金。现在，孩子的零花钱已经有了一笔不小的数目。面对五花八门的教育保险、银行理财产品、基金等，张女士认为这些都是可以考虑的投资对象。但是这么多的理财产品究竟购买哪一种呢？张女士决定好好计划一下。

首先考虑的是投资教育分红险，张女士决定将孩子的部分压岁钱购买具有教育基金性质的分红保险。这样，孩子在18周岁就有一笔大学教育金可以领取。教育保险既与银行储蓄一样有保证，又附加了保障功能，还能额外增值，是个不错的选择。买完保险后，接下来几年就是将压岁钱存入教育储蓄，这也不失一种理想选择。教育储蓄是居民为其子女接受教育而每月固定存额，到期支取本息的储蓄。教育储蓄最大的好处是利息免税。

其次就是购买“大件”产品。张女士决定拿出一部分压岁钱用于购买电脑、钢琴、运动器材这类有益于孩子健康成长的用品，采取补贴一点或每年积攒的方式帮助孩子实现自己的梦想，让他明白把钱花在刀刃上的道理。以往，孩子拿到压岁钱后总喜欢到网吧去打游戏。今年张女士和孩子商量好了，以后每年都将压岁钱存入银行，等积攒到一定数额就给孩子买台电脑。这样既能把压岁钱用到正确的地方，还能对孩子上网打游戏的行为起到约束作用。

最后就是给孩子开个账户，让他也学理财。让孩子为自己做好计划，除了交学费，剩下的钱存到银行，积累起来留到读大学时用。张女士还同他一起去存钱，把办卡和存取钱的流程告诉儿子。张女士说，把压岁钱的支配权归还孩子，但父母可行使“监督权”，花销的用途他们要知道。而且如果中途孩子再有什么奖金之类的收入，也鼓励他存到自己的账户上。这样，不仅可以培养孩子的自理能力，还能培养他理财的意识。

通过这些理财规划，张女士把孩子的压岁钱安排得井井有条，既可以利用压岁钱增加利息收入、做好教育规划，又锻炼了孩子的理财能力。随着小孩子压岁钱的不断积累，张女士还考虑让孩子适时涉入基金和股票等领域，把压岁钱充分地利用起来。

案例点评

随着生活水平的提高，长辈给晚辈们压岁钱的数额呈上升趋势。据了解，一般家庭孩子的压岁钱少则几百元，多则数千元，但家长往往忽略了压岁钱的管理和使用，要么将孩子的压岁钱“照单全收”挪做家用，要么放任自流，导致孩子养成了乱花钱的坏习惯。那么，应当怎样正确处理孩子的压岁钱呢？张女士给了我们一个不错的启示。

起初，可以先将孩子的压岁钱存进银行，随着年复一年压岁钱的积累，可以考虑用这些钱购买一些理财产品，为孩子购买教育分红险就是个不错的选择，既增加了额外的利息收入，又给孩子今后的教育费用多了一个保障。现在银行里都有教育储蓄，存入教育储蓄还可以得到比普通储蓄更多的利息。接下来就是为孩子购买一些“大件”了，因为有些“大件”家长平时是不舍得买的，但这些“大件”对培养孩子的能力又是有帮助的，那就可以将压岁钱作为奖励基金，当孩子表现好的时候可以用平时积攒的压岁钱为其购买。另外就是要注意培养孩子的理财能力，从小树立正确的理财观念，在很多西方国家，孩子刚上小学时就有了自己的股票，我们不妨鼓励孩子去搞一些理财投资，从小对风险和收益有个正确的认识。

相关链接

随着孩子压岁钱的积累，许多家长产生了为子女投保的想法，一方面可以保障子女的生命健康，另一方面能为子女教育以及未来就业婚嫁“保驾护航”。不过，目前各保险公司销售的少儿保险品种繁多，购买保险要根据自身的经济状况以及子女的现实需要，如年龄阶段、身体状况选择合适的险种，切勿盲目投保。不同年龄阶段的适宜保险组合如下。

1. 幼儿阶段：疾病险 + 教育险。

幼儿投保的主要方向应是疾病险和教育险，学龄前儿童发生意外的概率相对较小。如果经济条件有限，可以暂不考虑投保意外险。

2. 中小学阶段：意外险 + 疾病险 + 教育险。

小学生生性好动，自我保护能力差，容易磕磕绊绊，发生意外伤害的概率高，因此家长为孩子投保意外险是比较明智的选择。如果条件允许，最好选择意外险、疾病险和教育险三重保障。

3. 大学阶段：大病险 + 医疗险。

对于大学生来说，由于尚未被纳入社保体系，将积攒下的压岁钱为自己的健康买个保险是十分必要的，大学生投保应倾向于有风险保障和健康保障的险种。

理财提醒

家长在用孩子的压岁钱理财时，要以孩子的名义建立各类账户，前后过程都要让孩子参与，让孩子感到自己受到了充分尊重；另外要积极引导孩子选择更好、更合理的投资渠道。而这也要求父母首先要多学习理财知识，才能帮助孩子从小树立良好的理财观。此外，对于孩子的压岁钱，父母不可随意挪用，如果一定要动用，也应该取得孩子的认可。

全职太太理财大法

2018年耿女士刚满31岁，她曾在一家国企当出纳，2015年有了孩子后就一直没有上班，在家做起了全职太太。耿女士的老公王先生与另外三位股东一道，经营着一家礼品批发公司，每人年均能分到30万～40万元的纯利润。不过2017年年初的一次意外，让公司全年收益都打了水漂。王先生忙活了一年，一分钱也没挣着。耿女士一家三口每月开支大致为：孩子消费2200元、水电气物管费等杂费600元、生活服装等费用2000元、缴保险费1000元。算下来她家年正常开支在6.9万元左右。

耿女士过去家里也没有什么理财计划，有钱就甩在银行里，最多买点国债。在家中待久了，耿女士也开始觉得无聊。而且丈夫的收入也不是很稳定，如果弄不好，一年也许会颗粒无收。这让耿女士萌生了认真理财的想法，为此她专门去请教了一位在银行从事理财工作的朋友。

在朋友的建议下，耿女士先对家庭主要资产进行了一次摸底：一套价值60万元的自住房，在市七中附近还有一套面积约90平方米，市值100万元左右的闲置空房，银行存款85万元，还有2016年购买的30万元年收益率3.8%的三年期凭证式国债。也就是说，在2018年年初，可供耿女士操作的投资资产包括：一套市值100万元的闲置房和85万元存款。

耿女士首先决定将那套闲置房产“激活”。她先取出了5万元存款，对房子进行了简单装修，并购买了少量家具。很快这套房就以每月2400元的价格租了出去，并签了两年租期。这样，这套房一年收益2.88万元。

耿女士对剩下的80万元存款也做了安排。将3万元改存为打个电话就可以取的“7天通知存款”，作为家庭备用金，税后实际年收益约405元；购买既可随时变现，又可充分照顾家庭资金需求的货币基金10万元，估计年收益2000元；用57万元购买了当时风险极低的两只封闭式基金，估计年收益5.1万元；用10万元购买了一个一年期人民币理财产品，估计年收益约2800元。

这样算下来，加之房租收入，耿女士一年可能获利8.5万元，足够一家全年正常开支。如今，耿女士依然按照自己的理财计划经营着家庭的收支，而且还用每年的结余追加了适量的基金和保险。现在的耿女士感觉生活很充实，自己的家庭也有了应对突发事件的能力，她的生活越来越踏实了。

案例点评

在许多人眼里，全职太太除相夫教子外，就是享受生活，不用承担为家庭创造财富的责任。其实这是一种片面的看法，全职太太们只要具有一定的理财意识，待在家中同样可产生财富——不但能够肩负起让家庭财产升值的重任，在关键时刻还能够养家糊口。而耿女士学习理财就是一个最好的例子。

从耿女士理财之前的生活状况来说，她的生活除了照顾老公和孩子之外再没有其他的活动了。因为家里的各项资产已经很丰盈了，所以耿女士也没有考虑到风险问题。但随着老公有一年经济收入出现了一定的问题，她也开始考虑家庭的理财问题了。耿女士首先对家庭的财产状况进行了“摸底”，于是闲置的房屋、银行存款都成为她理财生息的“本钱”。现在各类理财产品又比较丰富，只要耿女士肯花时间去了解，还是有很多金融投资项目可以尝试的。

通过耿女士的理财计划我们可以看出，理财后的耿女士生活充实多了，家庭也有了一定的抵御突发事件的能力。这样即使老公的生意有所闪失，每年 8.5 万的理财收入也足够耿女士一家的开销了。全职太太也不是光料理日常家务，适当地为家庭做些理财计划，同样是全职太太的分内之事，还能够使自己的生活更加充实。为了未来的子女教育和自己的养老，全职太太们还是早做准备吧，准备越早，投入越少，收益越高。

相关链接

对于全职太太来说，家庭理财也是料理家事的一项重要内容。由于家庭的主要收入来源很单一，所以应该适当考虑家庭的保障计划：

1. 对于丈夫，保险少不了。丈夫作为家庭的全部收入支柱，对于家庭的重要性是不言而喻的，因此全职太太在日常生活中除了充分照顾丈夫之外，还需要为其购买必要的保险，可以购买分红性质的保险，同时配以意外和重大疾病险。

2. 对于孩子，教育支出应未雨绸缪。给孩子购买部分意外伤害险是可行的，但最重要的是考虑孩子将来的教育问题，现在可以为孩子单独设立一个账户，然后将其压岁钱存为定期，等孩子上小学 4 年级之后，再转为教育储蓄。

3. 对于自己，应当购买社保。由于全职太太担负照顾家庭的全部责任，应当每月为自己购买社保和医保，这样能够在生病时起到一定的保障作用。

理财提醒

全职太太在做理财规划时，应先检视当前家庭已有的保障状况，了解自己保险的保障范围，如果保障不全面希望能先考虑保险，以弥补保障的不足，这样对自己和家庭都是一种保护。

家庭“1352”理财法

28岁的焦振兴，来自山东省一个家教非常严格的家庭。为了尝试一下自由的生活，大学毕业后焦振兴单枪匹马来到深圳一家国企。一心追求自由的他从小不管做什么事情都有框框把自己锁住，而现在的单位人事关系复杂，更使自己如笼中的小鸟，极不自由，未来渺茫，非常苦恼。最近焦振兴终于下定决心辞职，仗着自己的技术和文笔开始了SOHO一族的生活。

不过焦振兴终究是个明白人，他很明白自己的处境。他是一个地道的球迷，设计理财方案也离不了足球阵形，他根据自己的具体情况（现有金融资产18.5万元，一年期存款15万元即将到期，年收入取中间值78000元），采用了一种攻守兼备的“1352”型投资理财法＋中场自由人（额外投资）的投资方法进行综合理财。

所谓的“1352”就是将自己总的财产分为11份：

1——以1∶11的比例购买适当的保障型商业保险（找一家公司挂靠社保关系，并足额交纳保费，社保的保障虽然不够全面，但其效果却正好与商业保险互为补充），确保理财组合平衡及个人财务安全。例如，综合意外医疗险、重大疾病保险、寿险等。

3——以3∶11的比例投向安全可靠、保证收益或收益适中、低风险的投资品种。例如，银行存款、国债、货币基金、纯债券型基金、万能寿险、分红型寿险等。目前他准备保留0.5万元的现金及活期存款，以备日常生活开支之用；然后再购买2万元现金增值基金（其最大的好处是存取无手续费，年收益与一年期银行存款利息相似，可以很好地照顾一年内的大额开支而又超过银行活期存款的收益，最大限度地利用了资金）；0.5万元购买保额10万元的期缴万能寿险（投资账户保底年收益1.75%，存取极度灵活，可以很好地兼顾未来10年后的大额开支和养老金）。

5——以5∶11的比例投向高度灵活、风险适中、利润适中，进可攻退可守，变现容易的投资品种，尤以投资伞型开放式基金为佳，可以方便在不同类型的基金中转换。目前焦振兴准备申购5万元平衡型基金，今后视股票和债券市场情况可以向股票基金或债券基金转换，以积极谋求低风险高收益。

2——以2∶11的比例投向高度灵活、风险高、收益高的股票。鉴于股票市场近期不太景气，目前焦振兴准备整理一下自己的股票并适度减少投资，有限的投资都准备买进最近涨幅不大且具有中长期投资价值的蓝筹股票。

焦振兴的“1352”组合基本能达到一个进取型攻守平衡的优化投资组合结构。总收益年平均保守估计为7%～11%，长期坚持下来，未来结婚买房、40岁前实现财务自由等目标基本上都可以实现。

案例点评

焦振兴上班时收入稳定，福利保险也不错，现在辞职做SOHO后除了在心理上需要调整，在个人资产规划上必然也需要一个全面的调整。焦振兴明白任何事都有正反两面，既然选择了做SOHO，就一定要付出相应的代价。生活虽然自由了，但也会开始感觉到收入很不稳定，生活压力很大，没有保障和安全感。

按照足球术语来评价焦振兴的理财方案，可以这样说，焦振兴的理财组合在辞职前只有一名守门员（社保和意外险），9 名后卫（银行存款）和一名前锋（股票），这样的铁桶阵资金运用效率极其低下，想靠偶尔的一次长传冲吊达成财务自由是很难的。现在做了自由职业者甚至于连守门员都没有了，当然既没有保障和安全感，也没有达成财务自由的可能。

所以，有必要为自己重新构建一个阵形，焦振兴为自己量身定做、攻守兼备的“1352”阵形提供了一个强大的中场和后防线，可以保证自己的后场安全；而且，前场攻击能力强大，可以保证自己有较大的收益；同时，又有坚实的后防线保障资金安全，这样就可以保证自己立于不败之地了。

相关链接

不同收入的家庭，应该有不同的理财计划，下面针对不同家庭的收入情况，提出一些理财建议：

1. 低收入家庭——稳固基础是关键

如果家庭的收入不是太高，理财观念传统，承受风险能力较差，家庭理财要求绝对稳健，宜采用储蓄占 40%、国债占 30%、银行理财产品占 20%、保险占 10% 的投资组合。其中储蓄的比率最高，支持着家庭资产的稳妥增值；国债和银行理财产品收益较高，也很稳妥；保险的比率虽然只有 10%，但所起的保障作用却非同小可。收入低的家庭抗风险能力较低，万一遇到意外，这 10% 的保险所起的作用是相当大的，可以帮助家庭渡过难关。

2. 中等收入家庭——以风险换取收益

中等收入家庭，夫妻双方工作较为稳定，并且福利待遇较好，能够承受一定风险。可以采用储蓄占 40%、债券占 20%、人民币理财占 20%、基金或股票投资占 20% 的投资组合。储蓄、债券、人民币理财都是较为稳妥的理财产品，开放式基金或股票是风险性投资，这部分投资如果收益高了，会增加整个组合的投资收益。万一出现了风险，对家庭整体投资的影响也不是太大。

3. 高收入家庭——高投资高收益

对于高收入家庭，抗风险能力较强，可以采取开放式基金占 50%、房产占 50% 的投资组合。这种组合有点孤注一掷的感觉。但是风险与收益永远成正比，如果风险投资比较得当，收益是相当可观的。

理财提醒

一个家庭的理财规划首先要拟定财务目标。在拟定财务目标时，目标一定要明确、量化，对自己的财务状况力求了解得全面，而不应在做计划时顾此失彼。而且不但要定出长远的理财目标，还要制订详细的理财规划方案，这种方案越细越好，这样实施起来效果才会越好，目标也才会越有实现的可能。